サクセス15
August 2015
8
http://success.waseda-ac.net/

CONTENTS

information
ーインフォメーションー

早稲田アカデミー
各イベントのご紹介です。
お気軽にお問い合わせください。

小1～中3

まだ間に合う！ 夏期講習会受付中

夏期講習会 7月・8月実施

学校の成績を上げたい君

中３の夏から都県立合格を目指す君

部活と勉強を両立させたい君

夏期講習会の詳細はホームページをご覧ください。

夏は受験生にとっては天王山、また受験生でなくても、長い夏休みの過ごし方ひとつで大きく差がついてしまいます。この休みを有意義に過ごすために、早稲田アカデミーでは家庭学習計画表などを活用し、計画的な学習を進めていきます。夏期講習会の目的は１学期の学習内容を確実に定着させ、先取り学習で２学期以降に余裕を持たせることにあります。平常授業の３か月分に匹敵する集中学習（受験学年）は、２学期以降のステップアップの大きな支えとなるでしょう。

小1・小2	7／21(火)～8／2(日)、8／17(月)～8／21(金)のうち4日間
小3	7／25(土)～7／31(金)、8／17(月)～8／22(土)
小4	7／23(木)～7／31(金)、8／17(月)～8／24(月)
小5S	7／23(木)～7／31(金)、8／17(月)～8／24(月)
小5K	7／23(木)～7／26(日)、8／19(水)～8／22(土)
小6S	7／21(火)～8／2(日)、8／17(月)～8／28(金)
小6T	7／21(火)～8／2(日)、8／17(月)～8／24(月)
小6K	7／23(木)～7／26(日)、8／19(水)～8／22(土)
中1	8／17(月)～8／29(土)14:45以降実施
中2特訓	7／21(火)～8／2(日)、8／17(月)～8／29(土)14:45以降実施
中2レギュラー	7／21(火)～8／2(日)14:45以降実施
中3	7／21(火)～8／2(日)、8／17(月)～8／29(土)14:45以降実施

中3 作文コース

公立高校の記述問題にも対応
国語の総合力がアップ

演習主体の授業＋徹底添削で、作文力・記述力を徹底強化！

9月開講 受付中

推薦入試のみならず、一般入試においても「作文」「小論文」の出題割合は年々増加傾向にあります。たとえば開成の記述、慶應女子の600字作文、早大学院の1200字小論文や都県立推薦入試や一般入試の作文・小論が好例です。本講座では高校入試突破のために必要不可欠な作文記述の“エッセンス”を、ムダを極力排した「演習主体」のカリキュラムと、中堅校から最難関校レベルにまで対応できる教材、作文指導の“ツボ”を心得た講師陣の授業・個別の赤ペン添削指導により、お子様の力量を合格レベルまで引き上げます。また作文力を鍛えることで、読解力・記述式設問の解答能力アップも高いレベルで期待できます。

- **9月～12月**（月４回授業）
- **毎　週**　校舎によって異なります
- **時　間**　17：00 ～ 18：30（校舎によって異なります）
- **入塾金**　21,600円（基本コース生は不要）
- **授業料**　12,500円／1ヶ月（教材費を含みます）

「日曜特訓」「作文コース」に関するお申し込み・お問い合わせは最寄りの早稲田アカデミーまたは **本部教務部 03（5954）1731** まで

変わるならいま！

夏休みレベルアップガイド

勉強計画を立てるときのポイントを知りたいな！

夏夫（なつお）くん

中1、のんびりやの弟。これまでは夏休みの宿題はいつもギリギリ。でも中学生になった今年は計画的に進めるのが目標！

夏休みの勉強でもっとレベルアップしたい！

夏穂（かほ）ちゃん

高1、コツコツ努力家、しっかりもののお姉さん。高校受験で憧れの第1志望校に見事合格！ 充実した高校生活を満喫中。

もうすぐ夏休み！ 時間もたっぷりある夏休みは、レベルアップのチャンス。でも、どんなふうに勉強したらいいのかわからない人も多いのでは？ ここにも、悩める中学生が１人…。中１の夏夫くんは、夏休みの勉強について、高校生のお姉さんにアドバイスをもらうことにしたようです。みなさんも、２人といっしょに夏休みの過ごし方を考えてみてください。

1 夏休み！ 楽しみだなぁ！
部活にプールに旅行に…あ、
花火大会やお祭もあるから忙しいや！

2 楽しみなのはいいけど、
勉強もちゃんとやらないとね！

3 うっ…そうだね…。

4 とくに夏夫は中学生になって夏休みの宿題も増えたんだから、あとになって慌てないようにしなきゃ。

5 宿題以外を勉強する時間も作りたいけど、なにをどうやって勉強したらいいのかわからないよ〜。
お姉ちゃん教えて！

6 しょうがないなぁ。まずは夏休みを過ごす心がまえを学んで、次に勉強計画の立て方と、具体的にどんな勉強をすればいいかを見ていこうね。

7 よ〜し、ぼくも頑張るぞ！

夏休みレベルアップガイド

心がまえ編

勉強はするけど、せっかくの夏休みだから、朝はゆ〜っくり寝てもいいよね。

なにを言ってるの。毎日だらだらしていたら、あっという間に夏休みは終わっちゃうわよ！

そんな大げさな。でもそういえば、小学生のときもそんな感じだったかも…。

そうならないためにも、毎日の生活をどう過ごしていけばいいのか、そして、勉強もどんなふうにしていけばいいのかを見ていきましょう。

は〜い。

まずは体調管理から！

長いようで短い夏休み。中3のみなさんにとっては「受験の天王山」とも言われる大事な時期ですし、中1〜中2のみなさんも、これまでの学習の総復習や2学期以降に向けての準備を進められる貴重な時間です。

しかし、ただ漠然と過ごすだけでは有意義に夏休みを活用することはできないでしょう。そうならないように、ここからは体調を整えて日々の生活をうまく過ごし、そして勉強もはかどるためにはどうすればいいのかをご紹介していきます。

夏休みの生活で最も気をつけたいのが、体調を崩さないようにすることです。蒸し暑いこの季節。部活動をしている人は、なおさら注意が必要です。体調管理のポイントは、大きく2つあり、

①規則正しい生活をする
②食事、水分をしっかりとる

ということです。

次の日も、その次の日も学校が休みだ、ということで、夜更かしや朝寝坊をしてしまいがちですが、寝る時間、起きる時間がバラバラになると生活のリズムが崩れ、体調不良につながることがあります。決まった予定がなくても、朝はある程度決まった時間に起きて、夜も同じようなペースで眠るようにしましょう。

また、暑くなるとどうしても食欲が落ちてしまいがちです。そこで食事をきちんととらないでいると、夏バテや熱中症などを引き起こす危険性があります。朝・昼・晩と3食きちんと食べ、できるだけマメに水分をとるようにしましょう。とくに部活動をしている人は、屋外はもちろん、室内でも水分補給を欠かさないように。

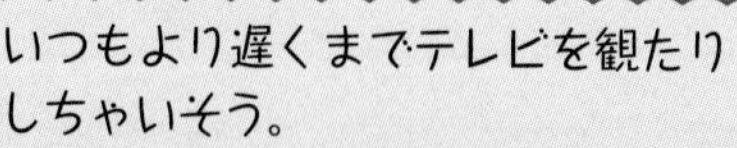

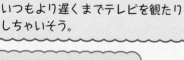

いつもより遅くまでテレビを観たりしちゃいそう。

夜更かししない方が、朝もちゃんと起きれるわよ。そうすると朝ごはんも食べやすいし、時間もできるから勉強だけじゃなくて色々なことができるじゃない。

夏バテしちゃったら勉強や部活動どころじゃないもんな〜。気をつけよう。

計画の立て方は人それぞれ

夏休みの生活や勉強を意味のあるものにしていくためには、体調管理とともに、しっかりと予定を立てることが必要です。

「予定を立てる」というと、スケジュール表にビッシリと毎日やることを書き込んでいくことを想像する人もいるかもしれませんが、その立て方は人それぞれです。こうしなければいけないという決まった形はありません。

ただ、どういった手順で立てていけばいいかということを知っておくことは大切ですので、次ページからの夏休みの計画の立て方を参考にしましょう。

復習、苦手克服に取り組もう

学習面の心がまえとして、まずは1学期の総復習をしましょう。1学期を終えて、学んだ内容を振り返ることで、理解が不十分だったり、苦手だな、と感じる部分が出てきているはずです。反対に、ここは得意だな、と思った単元もあるでしょう。

こうした部分を復習することで、苦手を苦手のままにせず、得意なものはさらに伸ばすことができれば、2学期に向けていい準備ができます。

なかでも力を入れたいのが苦手克服です。中1は入学してからの復習を兼ねて、いまのうちに苦手を克服しておきます。

中2と中3は、さきほどの1学期の復習とは別に、現時点で苦手だと感じている教科・科目・単元を、夏休み期間を使って克服しておきたいところです。

とくに中3は、この時期に苦手な部分を放置しておくと、受験が近づいてきたときにはもう手遅れ、ということにもなりかねません。

自宅学習の場合は、まずは簡単な問題集から始めて、理解を深めていきましょう。塾に通っている人、また通っていない人でも、塾の夏期講習をうまく活用すると、さらに効率的です。

塾の夏期講習に通う場合は、とりあえずなんでも受講してみる、ということではなく、目的意識を持ち、自分の苦手分野の克服にはどんな講座を選ぶのがいいか、内容、レベルをしっかりと考えて受講してください。

復習、苦手克服に加えて、余裕がある場合にどんな勉強をすればいいかを、12～13ページで各教科ごとにまとめてありますので、そちらもチェックしてみましょう。

夏夫は苦手なところはないの？

1学期の途中から、数学と英語がよくわからなくなっちゃった。

いまのうちにわからない部分を整理しておけば、これからの勉強が楽になるわよ。

そうだと思うんだけど、1日どれぐらい勉強すればいいのかな。それに、どこから手をつければいいの？

まずは夏休みの予定を立てること。次のページを見ながら、いっしょに考えましょう。

夏休みレベルアップガイド

実践編1

夏休みの予定はこう立てよう

先に自分で予定を考えてみたよ。

すごいじゃない。ちょっと見せてもらってもいい？

…

1日勉強8時間…？

そう。午前中の部活動が終わったら、家でご飯の時間以外は勉強するんだ！　えらいでしょ？

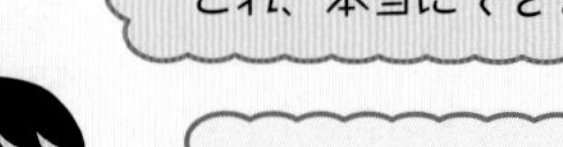

これ、本当にできるの？

え、ダメ？

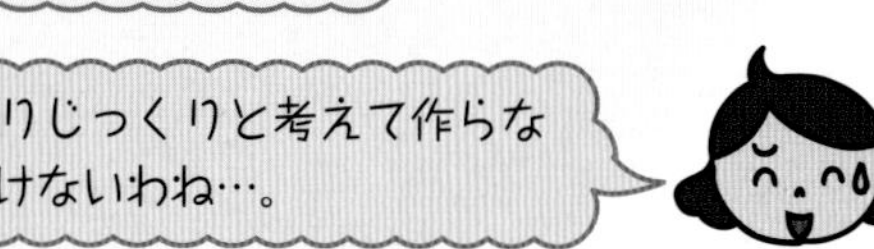

やっぱりじっくりと考えて作らないといけないわね…。

自分に合った計画を立てる

夏休みになったら、苦手分野の勉強もしたいし、部活動も頑張りたいし、プールにも、お祭りにも行きたいし…。みなさんのなかには、夏休みの予定をいまから色々と考えている人もいることでしょう。

しかし、頭のなかで考えていた予定通りには、結局進まなかった、ということもよくあります。そうならないためにも夏休みに入る前に、計画をしっかりと立てましょう。そうは言っても、夏夫くんのように、現実離れしたことを予定に入れていっても、実現できないだけです。

大切なのは、自分に合った計画を立てること。まずは今年の夏休みのなかで、外せない予定を確認してみてください。塾の夏期講習、家族旅行、部活動の練習・試合など、現時点でもわかる予定があるはずです。それを把握することで、「この3日間は勉強に使えない」、「この日は午後は空いている」といったことがわかってくるでしょう。そうするだけで、ずいぶん計画を立てやすくなるのではないでしょうか。

次に、勉強時間の確保です。ただ、ここで注意したいのは、前述したように詰め込みすぎてしまうことです。

せっかくの夏休みですから、やる気がある人ほど、あれもこれも、という気持ちになってしまうのは仕方がありません。

ですが、例えば塾や部活動もある人が、家での学習時間を毎日8時間設定するのは無理があるといっていいでしょう。難しい計画だったために、それを達成できず、「できなかった…」という気持ちになるよりも、「今日もちゃんと予定通りにできた！」という達成感を得られたほうが、モチベーション維持にもつながります。

勉強する時間帯も意識して

また、勉強を1日のどの時間帯にするかも意識してみましょう。普段は学校や塾があるので、家で勉強するのは朝早くや夜になってしまいますが、夏休みの間は、色々な時間帯に勉強することができます。

人それぞれに勉強がはかどる時間帯がありますから、朝がいいのか、夜がいいのか、一概には言えません。自分にとってどの時間帯がいい

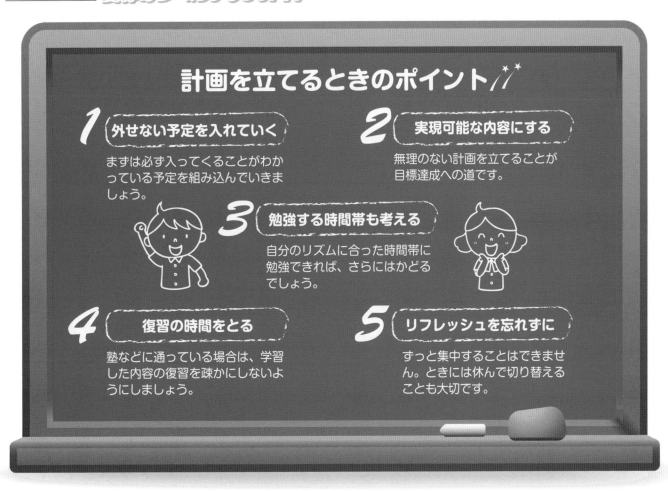

計画を立てるときのポイント

1 外せない予定を入れていく

まずは必ず入ってくることがわかっている予定を組み込んでいきましょう。

2 実現可能な内容にする

無理のない計画を立てることが目標達成への道です。

3 勉強する時間帯も考える

自分のリズムに合った時間帯に勉強できれば、さらにはかどるでしょう。

4 復習の時間をとる

塾などに通っている場合は、学習した内容の復習を疎かにしないようにしましょう。

5 リフレッシュを忘れずに

ずっと集中することはできません。ときには休んで切り替えることも大切です。

のかがまだわからないという人は、夏休みに入ってすぐに勉強する時間帯を変えてみて、試してみるのもいいでしょう。

復習に使う時間も考えて　リフレッシュも忘れずに

塾に通っている人の場合は、夏休みに予定している勉強内容に加えて、宿題や課題、その日の復習なども必要になってきます。塾から帰ってきたあとは、宿題・課題で手一杯になることもありますが、学んだ内容を定着させるためにも復習は欠かせません。ですから、空いた時間に勉強をする場合は、そうした復習にあてることも考えておきましょう。

そして、息抜きの時間をとっておくことを忘れないように。

たとえ受験生であっても、ずっと勉強では息が詰まってしまいます。勉強時間を無理のないように設定するのと同時に、合間にリフレッシュする時間を組み込んでおくことも、夏休みを使ってうまくレベルアップするために大切なことです。

集中力が切れているのに、無理やり机に向かうのは効率的とはいえません。10分なら10分、30分なら30分、時間を決めて、自分にとって息抜きになることをすることで、切り替えができ、また次の勉強に臨むことができます。

反対に、この2時間は勉強、ということを決めているなら、その2時間はしっかりと取り組めるように意識しましょう。

自分の計画表を見直してみてどうだった？

ちょっと無理してました。

ちょっと？

…かなり

無理して予定を立てたって、なかなかうまくはいかないものよ。お姉ちゃんもそれで失敗したことがあるし。

そうだったんだね。よし、作り直してみるよ。

夏休みレベルアップガイド

実践編2

教科別・夏休みの勉強法

このページでは、学習するときのポイントを教科別に紹介していくので、参考にして勉強を進めてみてね。

よ〜し、レベルアップめざして頑張るぞ！

数学

「できる」ための問題演習

数学の勉強は、学習する単元が、学年があがるにつれてレベルが高くなっていく螺旋(らせん)型となっていることが特徴。つまり、前学年で学習したことが身についていれば、次の学年の内容もスムーズに理解できます。反対に、つまずいた部分をそのままにしておくと、次の年に困ることになります。このことをふまえて、夏休みには、１学期の復習と苦手部分の克服を意識して勉強に取り組んでいきましょう。

また、数学は公式などを理解しただけでは答えを出すことはできません。解答できるようになるには、実際に問題を解いて、練習を重ねる必要があります。問題を多くこなすことで学習内容を定着させることができますので、勉強時間を多くとれる夏休みには、たくさん問題演習に取り組みましょう。

まずは簡単な問題からスタートして基礎力をつけていき、余裕があれば発展的な問題にも取り組んでみましょう。

学年ごとの課題としては、中１は正負の数と文字式の計算、方程式の文章題を確実に身につけるように。中２は連立方程式と文字式の計算力を高めていきましょう。中３は、上位校志望者は単元別の勉強は早めに終わらせ、総合的な演習を始めてください。中堅校志望者は夏休みは図形単元の理解に力を入れ、総合演習は２学期から始めるのがいいでしょう。

「わかる」と「できる」は違うんだね！　問題演習の大切さがわかったよ。

英語

苦手を２学期に残さない！

夏休みの英語学習は、１学期の復習を中心に進め、同時に、苦手部分の克服にも力を入れるようにします。中学で学ぶ英語は、英語力の土台を築く大事な基礎の部分にあたります。そんな中学英語で苦手な部分を残してしまうと、高校、そして大学受験へと続く英語学習に大きく影響を与えてしまうことになりかねません。じっくり勉強に取り組める夏休みを活用し、英語の苦手克服に取り組みましょう。

とくに中１の内容は、英語の一番の基礎となる大切な部分ですから、苦手意識を持った箇所は夏休みのうちに克服し、絶対に２学期に残さないようにしましょう。中学に入ってから初めて英語に取り組んだという人も多く、戸惑いもあると思いますが、大事な時期であることを意識して頑張ってください。

中２は、高校受験に直接つながるような重要な単元が続くので、余裕のある人は、文法の先取り学習をやってみましょう。その際には、２学期以降に習う文法単元の解説や問題がまとめられているので、英検４級の問題集を使うことをおすすめします。

中３は、高校受験対策のために長文問題にも触れるようにしましょう。

また、単語や熟語の暗記に取り組む際は、意味だけでなく発音も覚えるように意識してください。発音がわかるとつづりの暗記も覚えやすくなります。

私は、単語帳についていた発音が収録されたＣＤを聞いて、声に出して覚えてるよ！

読解問題に取り組もう！

国語は、単元が積み重なるほかの教科とは違って、扱う文章のレベルが学年があがるにつれて少しずつ高くなっていく教科なので、どうやって勉強したらいいのか悩む人も多いはず。そんな国語の学習で大切なのは、「読解問題」に取り組むこと。中１から継続して読解問題を解き続けることで、少しずつ読解力が育まれていきます。

また、読解問題を解く際のポイントは、答え合わせにあります。答えにあたる部分が問題文のなかでどこに書かれているのかなど、問題文と照らし合わせて確認したり、解説を読むなどして、解答が導き出される理由をしっかりと理解できるように心がけましょう。

夏休みには、こうしたことを意識しながら、学校や塾の夏期講習で出された宿題に取り組むようにします。これに加えて、漢字・文法・文学史・古文単語などの暗記ものを勉強するといいでしょう。

読解問題を解くだけじゃなく、きっちり答え合わせをすることが大切だよ！

学年別に課題をチェック！

社会で大切なのは、やっぱり暗記。地道に勉強を続けることが得点アップの一番の秘訣です。逆に怠けてしまうと点数には結びつかないうえに、覚える項目が大量になってしまって苦労するので、短時間でも、毎日取り組むようにしましょう。電車の移動時間などの隙間時間を使って暗記するのもおすすめです。暗記した項目を自分の言葉で説明できるようになれたら完璧です。

中１は地図帳を活用しながら、各都道府県別の産業について理解を深めましょう。

中２は江戸時代前までの政治史を中心に復習します。歴史小説などで歴史に親しむように心がけておくと、印象にも残りやすく、理解の助けにもなるのでおすすめです。

中３は中１・中２の復習と、公民の学習です。公民が苦手な人は、日ごろからテレビのニュースや新聞をチェックし、社会の出来事に関心を持つように心がけるといいでしょう。

暗記は一日にしてならずってことだね！　コツコツ頑張ろう！

１学期の復習を最優先に

理科も社会と同様に暗記項目の多い科目であると同時に、学年によって学習内容が異なる科目です。各学年で学んだ内容はその学年のうちにしっかり身につけることが大切ですので、夏休みには必ず１学期の復習に取り組みましょう。中３は中１・中２の復習にも力を入れてください。また、社会・理科は国語・数学・英語の３教科と比べると勉強時間が少なくなってしまう傾向がありますが、こちらも社会と同じように、短い時間でもいいので毎日コツコツ取り組むことがレベルアップの秘訣です。理科の暗記が苦手だという人は、ただ丸暗記するのではなく、連想ゲームのように１つの言葉から色々なことをつなげて覚えるようにしてみてください。

最後に、学校で自由研究などが宿題として出されている場合は、しっかり取り組むようにしましょう。受験に関係ないように思えても、学校の課題を疎かにしてはいけません。

連想ゲームのような暗記法は楽しいよ。知識が「点」から「線」のようにつながるイメージね！

文部科学省スーパーサイエンスハイスクール（SSH）
スーパーグローバルハイスクール（SGH）アソシエイト指定校

理数キャリア（アドバンストサイエンス）　**国際教養**（グローバルスタディーズ）　**スポーツ科学**（スポーツサイエンス）

学校説明会
8月 2 日（日）10：00～
8月29日（土）10：00～、14：30～
10月24日（土）14：30～
11月 6 日（金）18：30～
11月28日（土）10：00～ ＊個別相談のみ予約
12月 4 日（金）18：30～
12月 6 日（日）10：00～ ＊個別相談のみ予約
12月23日（祝）10：00～ ＊個別相談のみ予約

学校説明会：入試解説
11月15日（日）10：00～
11月23日（祝）10：00～

文女祭（あやめ）（学園祭）
9月26日（土）・27日（日）
10：00～15：00
入試相談・校舎見学可

オープンキャンパス
9月15日（火）
9月19日（土）
10月15日（木）
10月31日（土）
11月14日（土）
11月21日（土）

各回とも 10：00/11：00

＊詳しくは学校説明会へお越しください。またはホームページをご覧ください。

文京学院大学女子高等学校
Bunkyo Gakuin University Girls' Senior High School

〒113-8667 東京都文京区本駒込 6-18-3
http://www.hs.bgu.ac.jp/　tel：03-3946-5301　mail：jrgaku@bgu.ac.jp
＊最寄り駅…JR山手線・東京メトロ南北線「駒込」駅南口より徒歩５分　JR山手線・都営三田線「巣鴨」駅より徒歩５分

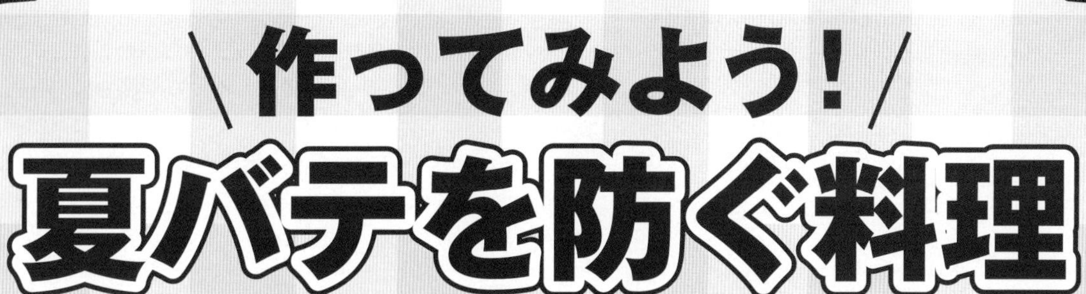

作ってみよう！
夏バテを防ぐ料理

夏休みは受験生にとってはもちろん、中１・中２のみんなにとっても大切な期間。でも、夏バテをしてしまったら、せっかくの夏休みが台無しだよね。今回は料理研究家として活躍する安井レイコさんに、夏バテ予防にぴったりの４つの料理レシピを紹介してもらったよ。どの料理も中学生のみんなでも簡単に作れるはずなので、夏休みにぜひ作ってみてね！

安井 レイコさん

アルモニイサービス株式会社代表取締役。調理師、生活習慣病予防指導士。料理研究家として、「簡単、キレイに健康に」をモットーとした料理を広めている。全国各地で料理教室・講演会を開くほか、企業や行政、各種メディアからの依頼でレシピ提供も行う。

そうめんにアボカド、そしてヨーグルトを使った夏にぴったりの料理。そうめんをゆでる以外は火も使わないから、どれも簡単ですぐにできるのが嬉しいね。ヨーグルトは1パックから2つの料理ができちゃうよ。さぁ、どれから作ってみる？

暑くてもつるっと食べられる

うなそうめん

おすすめポイント

つるっと食べやすいからといって素麺（そうめん）だけを食べていては栄養不足で夏バテまっしぐら。疲労回復効果のあるビタミンB・E、貧血予防の鉄分、良質なたんぱく質を含むウナギや、食欲増進効果のある青ジソやミョウガ、消化を助けるアミラーゼとプロテアーゼという酵素と食物繊維が豊富な長芋を加えることで、栄養満点そうめんに早変わり！

材料 2人分

ウナギ蒲焼	1串(150g)	青ジソ	4枚
長芋(山芋)	100g	ミョウガ	2本
素麺	2束(約200g)	めんつゆ	300ml

作り方

① 長芋をすり、青ジソとミョウガを千切りにする。ウナギはひと口大に切っておく。
② 素麺を袋の指示通りの時間ゆで終えたら、粗熱を取るために冷水につけながら箸でほぐす。冷水をかけながら揉み洗いをし、水気を切る。
③ 器に盛った素麺のうえに、長芋、青ジソ、ミョウガを乗せ、めんつゆをかける。最後にウナギを乗せたらできあがり。

ひと口メモ

・長芋のネバネバの正体であるムチンという食物繊維は腸内環境を整えてくれるので、胃腸が弱りがちな夏にはもってこいの食材だよ。
・ウナギの代わりにサンマの蒲焼きを使ったり、お好みで山椒やわさびなどの薬味、トマトやキュウリなどの野菜を乗せるのもGOOD！

野菜をさっぱりと！

ヨーグルト漬け物

おすすめポイント

ビタミンやミネラルも豊富で、良質なタンパク質も含まれているヨーグルトで、さっぱりとした野菜の漬け物が簡単に作れるんだ。ヨーグルトには腸内環境を整えてくれる善玉菌がたくさん入っている。暑くて食欲がないときも、胃腸が元気になれば食欲も回復して、夏バテを防止できるよ。

材料 2人分

ヨーグルト	約200g	ニンジン	小1本(60g)
キュウリ	2本	塩	20g

作り方

① ヨーグルトに塩を入れてよく混ぜる。
② 洗ったキュウリ、ニンジンを①のヨーグルトに入れ、1時間以上冷蔵庫でねかせたらできあがり。

ひと口メモ

・ヨーグルトのパックをそのまま容器として使うとさらに手軽。その場合は、野菜をパックの高さに合わせて切って縦に並べて入れよう。
・漬ける時間があまりないときは、野菜を早く柔らかくするために塩をやや多めに入れ、長く漬けられるときは塩をやや少なめに。ヨーグルトは洗い流す必要はなく、ぬぐうだけでOK！ 味が薄いときには野菜にかけていっしょに食べてもいいよ！

安井さんおすすめ お手軽料理レシピ

栄養豊富なアボカドを丸ごと

ワカモレディップ

おすすめポイント

ワカモレは、メキシコ料理でアボカドソースのこと。アボカドはビタミンBやビタミンEなどが多く含まれている栄養価の高い果物。なかでも注目したいのはカリウムだ。カリウムは汗といっしょに体外に出てしまう栄養素で、不足すると脱力感を感じてしまう。だから、汗をたくさんかく夏に、アボカドはおすすめなんだ。彩りもきれいで食欲アップ！ トルティーヤチップスとの相性も抜群の料理だよ。

材料 2人分

アボカド……1個
紫タマネギ……20g
ミニトマト……2個
イタリアンパセリ…4本（約6g）
塩……小さじ¼
レモン汁……大さじ½
トルティーヤチップス……10枚

作り方

① アボカドは半分に切り、種を取ってスプーンで中身をくり抜きボウルに入れる。みじん切りにした紫タマネギ、イタリアンパセリ、塩、レモン汁も入れ、アボカドを食べやすい大きさにくずしながら混ぜる。小さく切ったミニトマトを入れてさらに混ぜる。
② アボカドの皮にきれいに盛りつけて、トルティーヤチップスを添えれば完成。

ひと口メモ

・辛いものが好きな人は、タバスコやハラペーニョソースなどを入れてアレンジしてもOK。また、フランスパンや食パンに塗ってトーストしてもおいしいよ。
・紫タマネギを使わずに普通のタマネギを使う場合は、生で食べると辛いので切ったあとで水にさらそう。

お手軽ヘルシーデザート

フローズンヨーグルト

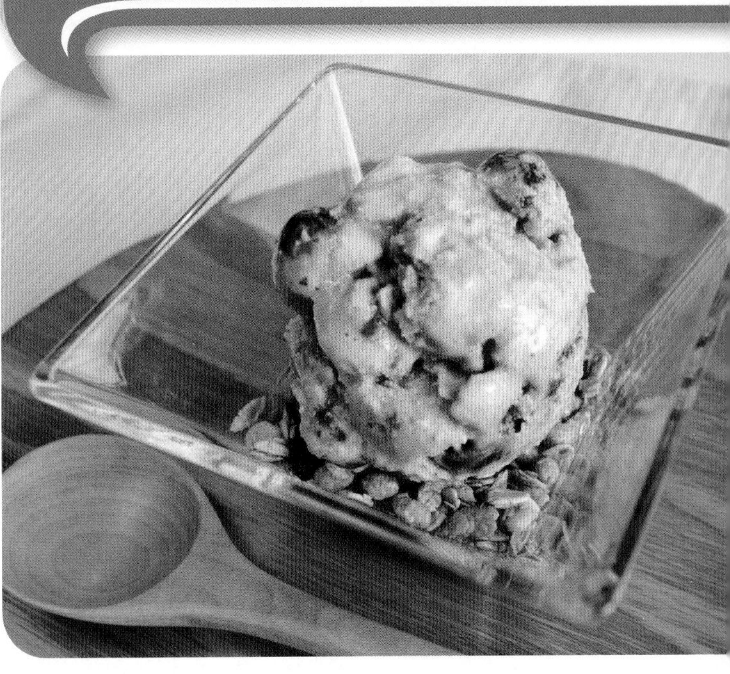

おすすめポイント

ブルーベリーに含まれるアントシアニンという色素は抗酸化作用が高く、日焼け後の回復を促進し、疲労回復に役立つよ。ブルーベリーはそのほかにカリウムも含まれているし、疲れ目にも効くので、受験生には嬉しい食べものだね。暑い日のデザートとしてもぴったりの１品。

材料 3〜4人分

ヨーグルト……200g
冷凍ブルーベリー……100g
砂糖……大さじ1

作り方

① ヨーグルトと冷凍ブルーベリー、砂糖をビニールの小さい袋に入れて、袋のうえから手でよくもみながら混ぜる。
② 色が変わるまで混ぜたら袋の口を閉じ、袋ごと冷凍庫に入れる。1〜2時間冷やしたあと、よくもみほぐしてから、器に盛る。

ひと口メモ

・冷やし過ぎると固くなってしまうので、普通のブルーベリーではなく、あらかじめ凍っている冷凍ブルーベリーを使うのがポイント。固くなってしまった場合は、手で溶かしながらもんで柔らかくすれば大丈夫。
・砂糖の量を加減することで違う味も楽しめるよ。盛りつけの際にコーンフレークをそえて、混ぜながら食べるのもおすすめ。

東大への架け橋

VOL.5

text by ゆっぴー

色々な思い出がつまったカナダでの短期留学

今回は夏休みにちなみ、高1の夏に親に頼み込んで参加した、短期留学について書いてみます。「とにかく海外に行ってみたい！」と強く思っていた私が参加したのは、イタリア・トルコ・ベルギー・中国・タイ・チリ・ベネズエラ・ロシアなど世界各国から同年代の学生が多数集まる、カナダ・トロント大主催の中高生用のサマープログラムです。

日本では学校と塾と家の往復を繰り返していたので、トロントでの日々は本当に刺激的でした。なかでも毎日の放課後に行われるアクティビティーは、ダンスパーティーをしたり、メジャーリーグ観戦で松井秀喜選手を応援したりと多種多様で、とても楽しかったです。とくに、留学最終日の前夜に行われたオンタリオ湖でのクルージングは印象に残っています。トロントの夜景を楽しみながら船上で世界各国の友人と将来の夢を語りあい、「また世界のどこかで再会しよう」と約束したこと、同時に「彼らとはもう一生会えないかもしれない」と胸がぎゅっと締めつけられる思いがしたことをいまでも鮮明に覚えています。

このように書くと留学は楽しいことばかりのように思えるかもしれませんが、じつは滞在中の半分は半泣き状態でした（笑）。というのも、留学初日のクラス分け試験の結果がよかったため、上級クラスに放り込まれてしまい、とにかく毎日の勉強がハードだったのです。初回の授業で1冊の小説（もちろん全部英語、約150ページ）が手渡され、その週中に1冊全部読んでくるようにと言われたり、3日に1回は300字程度のエッセイを書くという宿題が出たり…。また、授業ではロシアやトルコの優秀な学生が積極的に発言するなか、私はなにも発言することができませんでした。それまでほとんど英会話を勉強していなかったので仕方ないのですが、毎日本当に悔しい気持ちでいっぱいでした。この「落ちこぼれ経験」が帰国後、英語を頑張って勉強する大きな原動力になりました。

みなさんはいま、目の前にある勉強や部活動に精一杯取り組んでいると思います。それはそれでとてもいいことですが、自分の知らない世界がまだまだたくさんあるということをたまにでいいので意識してみてほしいです。そして、高校生や大学生になったらぜひ積極的に海外留学に挑戦してみてください！

ゆっぴーの大学生活

東大では「タフでグローバルな東大生」という標語を掲げて学生の海外留学を推進しています。しかし、東大の留学制度は決して整っているとは言えません。一例をあげると、1年間の海外留学をしたときに、東大では海外の大学で取得した単位が認定されないため必然的に留年（卒業が1年遅くなる）せざるをえません。こんな状態ですから、交換留学をしたい人にとっては、留学制度の整っている早稲田大の国際教養学部やICUに行った方がいいとの声もちらほら耳にします。

また、私の友人には東大とアメリカの大学にダブル合格して、1年生の6月までは東大に通い、それ以降は東大を退学してアメリカの大学に行った人がいます。彼のように東大と海外の大学をダブル合格して海外の大学に行く人が毎年20人弱いるというから驚きです。優秀な日本人学生は東大ではなく海外の大学を選ぶ…。こうした考えが当たり前になる日もそう遠くはないのかもしれません。

短期留学中にトロントで友人たちとクルージング（右から2人目が著者）

現役東大生・ゆっぴーに答えてほしい質問を大募集！
あなたの質問にゆっぴーが答えてくれるかも？

QRコードからも!!

あて先 〒101-0047 東京都千代田区内神田2-4-2 グローバル教育出版 サクセス編集室
FAX：03-5939-6014 e-mail：success15@g-ap.com まで質問をぜひお寄せください！

世界と出会う　世界を考える　世界に伝える

昨春、新校舎完成！

関東国際高等学校

www.kantokokusai.ac.jp

創立91周年を迎える関東国際高等学校（以下、KANTO）は、昨春に新校舎が完成し、新しさと快適さを備えた学習環境が整いました。伝統ある英語教育を根幹に、タイ・インドネシア・ベトナムなどアジア近隣語各コースも設置され、その特色ある国際教育が注目されています。

KANTOだけの英語教育システム

KANTOには、外国語科7コースと普通科2コースの全9コースが設置されており、表現力を重視したコミュニケーションツールとしての英語力アップを目指し、様々な取り組みが行われています。

まず注目すべきは、7か国19名というネイティブ教員の多さです。全員が修士号を取得した専門家としてすべてのコースの英語教育に携わっており、外国語科の英語コース英語クラスでは、週5時間以上の授業を行っています。さらに英語コース海外大学留学クラスでは、ネイティブ教員の英語の授業だけで週10時間以上あり、プレゼンテーションの授業や各種検定対策なども実施されます。高校3年間を通じて常に英語にふれあうことに重点をおき、海外大学で、英語で学ぶための実践的な教育が行われています。

また、2年次には、英語クラスはアメリカかオーストラリアへ、海外大学留学クラスはイギリスへ1か月以上の短期留学がカリキュラムに組み込まれており、ホームステイや学生寮での集団生活を通してコミュニケーション力をさらに高めます。この短期留学が将来の留学先や進路決定に重要な体験となっていることは言うまでもありません。

ネイティブ教員と生徒

タイ語・インドネシア語・ベトナム語！

KANTOの国際教育の中で最大の特徴は、近隣諸国の6つの言語コースです。その中でも、タイ語・インドネシア語・ベトナム語（以下、近隣語）を3年間カリキュラムに取り入れている学校は、日本ではKANTOだけであり、国内だけでなく海外からも注目が集まっています。

近隣語各コースの生徒は、現地での生活経験のある生徒ばかりでなく、小・中学時代から東南アジアに興味を持ち、将来はアジア近隣諸国に係わる仕事をしてみたいと入学する生徒も少なくありません。言語の授業は各コースとも10～15人ほどの少人数制です。日本語を話せるネイティブ教員が、各言語に通じた日本人教員と共に、生徒一人ひとり丁寧に、きめ細かに指導するため、初めて東南アジア言語にふれる生徒も安心して学ぶことができます。

英語の授業は週5時間以上あり、それ以外に近隣語は、高1では週5時間、高2は6時間、高3は英語との選択制ですが最大10時間まで学ぶことができ、多い日は1日3時間外国語にふれる授業が行われています。

また、近隣語各コースでは、2年次に3週間の現地研修がカリキュラムに取り入れられており、提携校の生徒宅にホームステイをして3週間一緒に通って授業を受けます。時には大学へ出向いて授業を受けることもあり、勉強のみならず農業体験や文化体験などの様々な体験が用意されています。生徒たちはこの現地研修から現地の文化や社会情勢を肌で感じることができるため、将来の進路決定の際の重要な判断材料となっています。

インドネシア現地研修

また、学外で行われるスピーチコンテストへの参加や大学との高大連携も盛んに進められており、昨年、南山大学で行われたインドネシア語スピーチコンテストでは、5名の生徒が参加し、うち1名が朗読部門で優勝、1名が作文部門で最多得点を獲得しました。東南アジア言語を話せる人材が不足している昨今、近隣語各コースの需要は、益々高まっていくと考えられます。

自然環境を活かした「勝浦研修」

もう一つの魅力が勝浦キャンパスで行われる4泊5日の「勝浦研修」です。毎回3～4クラス単位で行われており、1・2年次は春と秋の2回、3年次は春に1回行われます。勝浦キャンパスは、66万㎡の広大な土地に、宿泊施設、レストラン、グラウンド、テニスコート、体育館などの充実した施設があり、都心では味わえないプログラムを体験します。

この研修では、「勝浦ファーム」と呼ばれる農園で、クラス単位でハーブ園の管理をしたり、「スポーツライフ」と呼ばれている生涯スポーツを楽しむプログラムで馬術を体験したりと、様々なプログラムが用意されており、生徒は皆のびのびと楽しんでいます。3年間で5回行われるこの研修で、仲間の大切さを実感し、一人ひとりの人間力と個性を着実に伸ばしていきます。

また、この研修は、海外研修の事前研修としての側面もあり、海外で生活するための基本的なマナーなどを事前体験することができます。

勝浦キャンパス

大学合格実績の向上！

近年、早慶上智・MARCH等の難関大学への合格実績が増加傾向にあり、特に注目すべきは、海外大学への合格実績の向上です。平成27年度は、セント・アンドルーズ大（イギリス）、ブリティッシュ・コロンビア大（カナダ）、オーストラリア国立大（オーストラリア）などの有名大学23校に30名が合格しました。また、近隣語各コースからはホーチミン市人文社会科学大学や延世大学などに進学しており、東南アジアの大学へのさらなる進学率の増加が期待されます。

また、KANTOでは21の国と地域から学生が集う「世界教室」の開催、外国語科近隣語各コースの生徒による現地の伝統芸能を発表する「クロスカルチャー」、ネイティブ教員と一日英語で過ごす「勝浦イングリッシュキャンプ」など、外国語に触れ合う行事や体験授業が沢山用意されています。

■学校説明会 要予約
8/1㊏ 10:00/14:00　8/8㊏ 10:00　8/15㊏ 10:00

■勝浦イングリッシュキャンプ 要予約
8/23㊐　10/4㊐《終日》

■平日学校説明会 要予約
9/8㊋～12/10㊍ 16:30
※上記日程の火曜日と木曜日に実施※9/22、10/1、10/22、10/27、11/3、11/26は実施しません

■体験授業 要予約
9/12㊏ 9:30　11/7㊏ 9:30

■クロスカルチャー 要予約
11/7㊏ 9:30

■入試説明会 要予約
11/28㊏ 10:00/14:00　12/5㊏ 11:30~　12/12㊏ 10:00

■学園祭
10/24㊏・25㊐ 受付時間：9:45~14:15 ※個別面談のみ要予約

関東国際高等学校
〒151-0071　東京都渋谷区本町3-2-2　TEL.03-3376-2244
アクセス：京王線「初台駅」から徒歩8分。都営大江戸線「西新宿五丁目駅」から徒歩5分

恵まれた自然環境のもと知力・感性・人間性を育む

Waseda University Honjo Senior High School

早稲田大学本庄高等学院

埼玉県　私立　共学校

男女共学のスタイルが定着し、生徒たちがさまざまな取り組みへ意欲的に参加している早稲田大学本庄高等学院。周辺の自然環境を活かした教育プログラムも特徴的です。2015年度(平成27年度) からはＳＧＨに指定され、さらなる国際交流の展開が期待されます。

よしだ　しげる
吉田　茂　学院長

「WasedaVision150」で「大久保山学」をテーマに据える

埼玉県本庄市、緑豊かな大久保山に位置する早稲田大学本庄高等学院(以下、早大本庄)。

早稲田大が建学１００周年を迎えた１９８２年（昭和57年）に設立され、創立25周年の２００７年（平成19年）に男女共学制がスタート、２０１２年（平成24年）には新しい学舎へ移転しました。そして、２０１５年度（平成27年度）には、スーパーグローバルハイスクール（ＳＧＨ）に指定されています。

早大本庄では、早稲田大の教旨で

ある「学問の独立を全うし　学問の活用を効し　模範国民を造就するを以て建学の本旨と為す」を基本としつつ、「進取の精神と学問の独立　学問を学び人間を学ぶ　生き方を学び自由を学ぶ」ことを大切にしてきました。

そして、早稲田大が2012年（平成24年）に創立150周年に向けて発表した「WasedaVision150」に関して、早大本庄でも以下のようなビジョンを打ち立てました。

「まずは、大久保山の教育資源を最大限に活用していきます。大久保山は古墳が密集していたり、動植物が豊かであったりと、教育資源としてとても有益ですし、地元の人からも愛されている山です。そこで、さまざまな教科で大久保山を学びのフィールドとして活用する『大久保山学』を取り入れていく予定です。

また、SGHの指定を受けたことで、グローバル人材の育成にもさらに力を注いでいきます。本学院はアジアを中心に多くの姉妹校・連携校がありますし、修学旅行も北京・韓国・台湾と、アジアの国々を行き先にしています。そうした交流を通じて、アジアの高校の拠点となっていきたいと考えています。」（吉田茂学院長）

コース制度を新たに導入

2015年度（平成27年度）入学生から、2年次以降のカリキュラムが変更になります。1年次のカリキュラムが全員共通履修なのは従来通りですが、2年次からはコース制を導入し、文系・理系に分かれて授業を受けます。しかし、学校生活のベースとなるのはHRクラスなので、文系・理系に偏ることなく、多種多様な個性を持った生徒同士が交流することができます。

基本的に、政治経済学部・文学部などの文系学部をめざす生徒は文系コースへ、基幹理工学部・創造理工学部などの理系学部をめざす生徒は理系コースを選択しますが、2年から3年にあがるときに、理系コースから文系コースへの変更も可能です。人間科学部やスポーツ科学部などの学部には、文系・理系どちらのコースからも進むことができます。

2年次のカリキュラムは共通履修科目のほか、文系コースでは「古典講読」と「数学Ⅱ（文系）」が必修、理系では「数学Ⅱ（理系）」と「物理・科学課題研究」が必修です。3年次になると、コースごとに異なる必修科目がさらに増えていきます。

日々の学習では、「自ら学び、自ら問う」という姿勢を重視しています。これを具体化したものが、3年間の学習の集大成として取り組む卒業論文です。2年生の2学期から各自がテーマを設定しはじめ、担当教員の指導のもと、3年生の12月の提出に向け、2万字以上の論文を約1年かけて仕上げていきます。その指導教員の決め方に、早大本庄ならではの特徴があると言います。「テーマ設定が完了すると、各教員の担当するテーマの一覧表が発表されます。生徒はそれを見ながら、どの教員に指導されるのが最良なのかを考えます。つまり『生徒が教員を選ぶ』のです。私も国語科の教員として、

学校生活

海外交流

部活動（応援部）

登校風景

生徒たちは緑が生い茂る山々の爽やかな空気を感じながら登校しています。本庄駅・寄居駅からはスクールバスも運行しています。部活動、海外交流など、それぞれが夢中になれる活動に積極的に参加しており、校内は活気にあふれています。

平安文学や古代史などを担当していました」と吉田学院長。

SGHをはじめとする魅力的なプログラムの数々

前述したように、SGHに指定された早大本庄。SGHのテーマは「国際共生のためのパートナーシップ構築力の育成」です。吉田学院長は「創立当初からさまざまな国の学校と交流しており、交流を通じて培ってきたものが、教育の宝として蓄えられてきています。その宝を活かしながら、さらに発展させた教育を行っていきたいです」と語られます。

スーパーサイエンスハイスクール（SSH）にも2002年度（平成14年度）から指定されています。自然科学分野に興味を持つ生徒を募り、2年次からSSHクラスを2クラス設けています。このクラスでは、数学や理科などの授業を、クラスを半分に分けた20名ずつで行い、丁寧な指導を実践しています。

そのほか、2012年度（平成24年度）からスタートした「本庄高等学院稲作プロジェクト」では、3年次の「農業と環境」「食文化」という選択授業で実際に田植えや稲刈りを体験します。これは、学院近くにある農家の協力を得ながら行っています。2013年度（平成25年度）からは、東日本大震災の復興支援の一貫として、育てた苗木を東北地方へ植樹する「本庄どんぐりプロジェクト」も行っています。

「本学院ではこのほかにも本当に多くのプログラムを用意しています。男女共学化したことで、そうしたプログラムへの参加率が年々向上しています。積極的に参加する女子に刺激されて、男子も手をあげることが多くなったようです。

一方で、女子は部活動と勉強の両立という面では、男子に比べてややナーヴァスになっているようです。男子は勉強も頑張りながら部活動も熱心に取り組む生徒が多く、90％以上が月曜～日曜まで活動するような活発な部に所属しています。男女がそれぞれのよさを発揮し、互いに刺激しあうことで、よい雰囲気が生まれています。

また、生徒たちには『井の中の蛙』になってほしくないので、学院外のことにも目を向けてほしいと思っています。他校の同年代の生徒とコンテストやコンペ、ディベート大会などで戦うことは自分たちの力を高めることにもつながるので、そうしたイベントへの参加も積極的に促して

施設

交流ラウンジ

創立30周年を機に建設された新校舎は、自然光を多く取り込む明るい設計です。木のぬくもりを感じる交流ラウンジは、さまざまな場面で活用されています。

早大本庄の生徒のために用意された学生寮「早苗寮」も新校舎と同じ年に完成しました。自宅から通えない生徒たちを受け入れており、現在も入居者は満員という人気ぶりです。

早苗寮

います。」（吉田学院長）

早稲田大の附属校として高大一貫教育も充実

早大本庄の卒業生は、全員が早稲田大に進学します。どの学部に進むかは、生徒本人の希望と3年間の成績、卒業論文などの取り組みをふまえて決定されます。進学する学部の決定後は「進学準備セミナー」を受け、スムーズに大学生活に溶け込むための準備をしていきます。

高大一貫教育も充実しており、早稲田大が高校生に開放している講義（開放科目）の受講、早稲田大の教授が自分の研究内容をわかりやすく解説する「サマーセミナー」、早大本庄の卒業生が自分の職業について語る「ウィンターセミナー」などが用意されています。

最後に、早大本庄での生活について吉田学院長に伺うと、「生徒と教員の距離が近く、アットホームな雰囲気が漂っているのが特徴です。そのことが進路形成をはじめ、さまざまな面でよい影響をおよぼしていると感じます。卒業後に姿を見せてくれる卒業生が多いのも、本学院での生活がいかに居心地のよいものであったかの表れでしょう。生徒には日ごろから、他者に優しく接し、他者を幸福にしようという気持ちを持ってほしいと話しています。ですから、そうした気持ちを持った生徒が入学してくれれば、『同志』として、互いに共感しながらともに努力しあえるよい関係を築けるのではないでしょうか。そして、彼らが他者の幸福のために貢献できる人材へ成長していってくれると嬉しいですね」と話されました。

授業風景

自然に囲まれた立地を活かし、校外学習にも出かけていきます。もちろん、教室内で行う授業も、生徒の興味をひきつける質の高い内容が展開されています。

2015年3月卒業生の早稲田大進学状況

学部名	進学者数	学部名	進学者数
政治経済学部	72	創造理工学部	26
法学部	46	先進理工学部	22
文化構想学部	21	社会科学部	17
文学部	14	人間科学部	0
教育学部	25	スポーツ科学部	6
商学部	31	国際教養学部	15
基幹理工学部	27	合計	322

School Data

- **所在地** 埼玉県本庄市栗崎239-3
- **アクセス** 上越・長野新幹線「本庄早稲田駅」徒歩13分、JR高崎線「本庄駅」、JR八高線・東武東上線・秩父鉄道「寄居駅」スクールバス
- **生徒数** 男子674名、女子364名
- **TEL** 0495-21-2400
- **URL** http://waseda-honjo.jp/

3学期制　週6日制　月・火・木・金6時限、水・土4時限　50分授業　1学年8クラス　1クラス約40名

No.211 School Navi

共学校　千葉県　柏市

麗澤（れいたく）高等学校

School Data

所在地	千葉県柏市光ヶ丘2-1-1
生徒数	男子353名、女子421名
TEL	04-7173-3700
URL	http://www.hs.reitaku.jp/
アクセス	JR常磐線「南柏駅」バス

心を育み知性を磨く知徳一体教育が魅力

知育・徳育・体育のバランスの取れた教育を展開する麗澤高等学校。学力とともに、生徒の「感謝の心」「思いやりの心」「自立の心」といった「心の力」を育てることを大切にしています。

広大なキャンパスには、3つのグラウンドや6面のテニスコート、ショートコースのゴルフ場などの設備が整えられ、充実した学校生活を送ることができます。校内には寮も併設され、県外や海外からも生徒が集まっています。

生徒の学ぶ意欲に応えるコース制と個別指導が特徴

麗澤ではコース制が導入されており、1年次は特進コースと文理コースの2つ、2年次からはTKコース、SKコース、ILコースの3つに分かれます。

特進コースは、2年次にTKコースへ進み、東京大をはじめとする難関国公立大の現役合格をめざします。授業はもちろん、課外講座が充実しているのが特徴で、小論文対策の講座や、文武両道に励む生徒を対象にした夜間講座なども用意されています。

文理コースは、2年次にSKコースまたはILコースを選択します。

SKコースは国公立大や難関私立大を目標とするコースです。主要科目の授業は習熟度別に実施され、基礎学力をしっかりと養っていきます。3年次からTKコースに編入することも可能です。

ILコースは、高い英語力と国際性を身につけ、難関私立大、海外大学への進学も視野に入れた指導がなされます。2年次の2学期には、オーストラリアへの短期留学が実施されます。

コース制で生徒の希望進路にあわせた指導を展開しながら、放課後には、「個別指導」が用意されています。これは、希望者を対象に予約制で、個別もしくは2人1組で各教科の担当教員から指導を受けられる麗澤独自のプログラムです。個別指導は、生徒の意欲に応える学校の思いが感じられる麗澤の伝統です。

また、将来へのモチベーションを高めるために段階を踏んだ独自のキャリア教育「自分（ゆめ）プロジェクト」が展開されています。学部学科研究やOB職業別講演、さまざまな大学の教授による大学出張講義などが行われています。

大学受験へ向けて学力、モチベーションを高めるとともに、麗澤ならではの行事も行われています。約30㎞の道のりを歩く遠歩きや、冬の早朝にランニング・筋トレを行う寒稽古（希望者対象）など、体力を身につけ、精神力を鍛える行事が特徴的です。

心を育み、知性を磨く教育で、次代を担う人材を育てる麗澤高等学校です。

No.212 School Navi

共学校　東京都　北区

武蔵野(むさしの)高等学校

School Data

|所在地|東京都北区西ヶ原4-56-20
|生徒数|男子380名、女子414名
|TEL|03-3910-0151
|URL|http://www.musashino.ac.jp/mjhs/index.html
|アクセス|都電荒川線「西ヶ原四丁目駅」徒歩5分、都営三田線「西巣鴨駅」徒歩10分、JR山手線・都営三田線「巣鴨駅」・地下鉄南北線「西ヶ原駅」徒歩15分

現代社会で通用する力を育む

武蔵野高等学校（以下、武蔵野）は、校訓に「他者理解」を掲げています。相手を尊重しながら、自分の意見も正確に伝えることのできる、コミュニケーション能力に長けた人材を育成するとともに、「10年後の社会で、身につけておけば必ず役立つ力」も養っています。

武蔵野独自の学習支援システム

武蔵野では「ムサシノ・スパイラル・サイクル」と称した学習支援システムを実践しています。これは現状学力の確認、課題分析、予習・復習を繰り返すことで、基礎学力を着実に身につけていくというものです。

毎朝行う小テストの結果が合格点に満たない生徒は放課後講習に参加し、その日のうちに知識を定着させていきます。また、生徒1人ひとりに配られるセルフチェックノートには、授業中に行う小テストなどの結果を書き込んでいきます。こうして自分の弱点を客観的に分析することで、授業へ臨む姿勢がより意欲的になっていくのです。このノートは日々の学習計画を立てるのにも役立っており、先生と相談しながら志望大合格に向けてのスケジュールも作成します。

コースは、難関大の現役合格をめざす特進ステージ、幅広い進路選択が可能な進学ステージの2種類です。特進ステージは主要5教科の重要事項の学習を2年次までに終了し、3年次には演習問題や苦手分野の克服に取り組んでいきます。進学ステージは志望大合格に必要な力を養いながら、AO入試や推薦入試で評価される漢検や英検などの各種検定の取得もめざします。

夜9時まで開放している学習支援施設「武蔵野進学情報センター」も魅力的です。100席を超える自習ブースのほか、個別指導エリア、トレーニングエリア、リフレッシュエリア、進路情報エリアと各目的に沿ったエリアが用意されており、毎日多くの生徒が利用しています。

さらに、これからの社会で必要とされる力を磨くため、普段から電子黒板などのICTを積極的に活用するとともに、マルチメディア教室を2014年度（平成26年度）にリニューアルし、WindowsとMac OSの2種類のシステムの基本操作が学べる環境へと改良しました。

また、グローバルな意識を高めるために、沖縄への修学旅行中に外国人と交流する機会を設けたり、ホームステイをしながら2週間、現地の高校に通う海外研修制度を整えています。

このように、多様化する現代で活躍できる人材を育成している武蔵野高等学校です。

FOCUS ON

※2016年度共学化

神奈川県　私立　男子校

法政(ほうせい)大学(だいがく)第二(だいに)高等学校

違いを認めあい尊重する伝統の教育を新たなステージで

法政大学第二高等学校では、2016年度から新校舎で共学化がスタートします。新校舎は生徒が未来に向かって「自分をつくる」新たなステージです。受験にとらわれない大学付属校ならではの学びを追究できる環境で、伝統を守りながら、さらに充実した教育が展開されていきます。

北詰(きたづめ) 昌敬(まさひろ) 校長先生

School Data

所在地
神奈川県川崎市中原区木月大町6-1

アクセス
東急東横線・目黒線「武蔵小杉駅」徒歩10分、JR南武線「武蔵小杉駅」徒歩12分、JR横須賀線「武蔵小杉駅」徒歩15分

TEL
044-711-4321

生徒数
男子のみ1669名（2016年度共学化）

URL
http://www.hosei2.ed.jp/

- 3学期制　週6日制
- 月～金6時限、土4時限
- 50分授業
- 1学年12クラス（2016年度、高1は14クラス）
- 1クラス約40名

2016年度から共学募集がスタート

法政大学第二高等学校（以下、法政二高）は、1939年（昭和14年）に旧制中学の法政第二中学校として現在地の武蔵小杉に設立されました。

戦後の学制改革により、1948年（昭和23年）に法政大学第二高等学校となり、1986年（昭和61年）には法政大学第二中学校が併設され、中高一貫教育が始まりました。

そして2016年度（平成28年度）から共学化され、新校舎もすべて完成します。

法政大の付属校として、「自由と進歩」という大学の学風を継承しながら、新たな歴史を刻み始める法政二高。

北詰昌敬校長先生は「本校は、男子校として伝統を積み重ねてきましたが、時代の大きな流れを見据えて、校舎を新しくする機会に共学化へと踏み切ることにしました。創立以来、異なる個性を持つ1人ひとりが、互いの違いを認めあい、尊重しあえる社会を積極的に作っていけるような人材を育ててきました。共学化することによって、その教育がさらに奥深いものになると考えています」と話されました。

幅広い教養を基礎とし総合的な学力を習得

法政二高には、付属中学から進級する生徒（二中生）と高校受験を経て入学する高入生が、1年次から同じクラスで学びます。多種多様な生徒が交わることで個性をぶつけあい、それぞれを認めあいながら、生徒は成長していくのです。

カリキュラムは、幅広い教養が身につけられるように、2年次までは音楽と美術の芸術選択科目以外は共通履修となっています。文系に進む生徒も物理・化学・生物・地学を学び、理系の生徒も日本史・世界史・地理・政治経済を学びます。そして、3年次に文系と理系に分かれ、それぞれクラスが編成されます。

法政二高の授業は、「調べる・討論する・発表する」ことが各教科で取り入れられていることが特徴です。

例えば国語の授業では、ある作品をじっくりと読み解いていきます。そして、作品について書かれた学説を2つ読み、その学説を比較しながら自分の見解を述べる卒業論文に取り組みます。

ほかにも、世界史では6人が1班

になって、世界史のなかからテーマを選び、脚本を書き、劇として演じる世界史劇を行っています。

「本校は法政大の付属校ですので、受験勉強に時間をとられることなく、そのぶん各教科で時間をかけて『調べる・討論する・発表する』といったことができます。学習で大切

施設

パソコン教室

陸上競技場

サッカー場

時計塔

サッカー場や陸上競技場、パソコン教室など、充実した施設が整えられています。法政二高のシンボルとして70年以上の歴史を見守ってきた時計塔は、共学化に向けて昨年度リニューアルされました。

制服

2016年度から制服も新しくなります。品格と伝統を感じさせる濃紺のブレザースタイルです。

にしているのは、自主性、共同の学び、社会とのかかわりです。生徒たちは、グローバル化する社会で、答えが用意されていない問題や、日本では当たり前とされていることが通用しない場面にぶつかることもあるでしょう。そういうときでも力を発揮できるような総合的な学力の習得を追求しています。」（北詰校長先生）

法政二高では、3年生の2学期までの成績、TOEIC Bridge140点以上などの条件を満たすことで、法政大の各学部への推薦を得ることができます。

そんな大学付属校の強みを活かして、3年次には、大学の学びにつながるプログラムが用意されています。

その1つが必修選択講座です。「法学入門」や「安全な食と生活〜命を脅かす危険なモノとは?〜」といった教員の専門的な知識が活かされる少人数制の講座で、生徒は自分の興味や関心を深めていくことができます。

また、3年次の3学期には、進学する学部ごとにクラスが再編成され、法学部クラスでは模擬裁判に挑戦したり、文学部クラスでは東京・神田の古本屋街を訪ね歩いたりと、クラスごとに進学する学部に合わせた特徴のある授業が展開されます。

英語力の育成 国際交流のさらなる展開

違いを認めあうことを大切に考える法政二高は、国際交流にも積極的に取り組んでいます。

まず、英語の授業では、「読む・書く・聞く・話す」の4技能を3年間で体系的に学びます。1年次の英文法と英語表現、2年次のライティングとオーラルコミュニケーションで1クラスを2つに分ける分割授業が行われています。

また、始業前の20分間を0時限として、大学の推薦基準ともなっているTOEIC Bridgeの学習に全員で取り組んでいます。

国際交流としては、法政大の3付属校（法政二高・法政大高・法政女子高）主催の短期海外研修や法政大学付属校特別留学制度による海外留学などが実施されてきました。

「本校の近くには、川崎市の国際交流センターがあります。そこで行われるフェスティバルに本校の生徒がボランティアとして参加したり、また、来年はイギリスの学校とラグビーの交流試合も予定されています。ほかにも、中学校の姉妹校であるニュージーランドにある学校の先生に来てもらって授業をしていただいた

学校生活

剣道部

体操部

授業風景

進路講演会

沖縄修学旅行

新入生合宿

生徒たちは、勉強はもちろん、部活動や行事にも一生懸命取り組んでいます。1年次の新入生合宿では法政二高生としての自覚を身につけます。

体育祭

6月にクラス対抗で、優勝を争う体育祭。サッカーやリレーなどの競技が行われ、クラスの団結力が高まります。10月の二高祭では、体育祭で深まった団結力を活かして、劇などのクラス企画が行われます。ほかにもクラブ企画として、運動部・文化部の各部が日ごろの成果を発表します。

二高祭

り、本校の教員が向こうの学校を訪れて授業をしたりという特徴的な取り組みも始めました。来年完成する校舎には国際交流室を作ります。地域の方々ともかかわりながら、今後もさまざまな国際交流イベントを企画して、さらに充実させた国際理解教育を展開していくつもりです。」（北詰校長先生）

新校舎で始まる さらに充実した学び

新校舎のコンセプトは「社会とつながる自分づくりの原点」、「これからの社会を担う自分づくり」です。

これまでの教育をさらに充実させる新校舎。その1階に作られる図書館は「調べ学習」の新たな拠点となります。充実した資料はもちろん、あるテーマについて調べるときにまずはなにから始めて、どのように資料を集めていくかといった指導をしっかりとできるように、教員も司書の資格を積極的に取得するなど、準備を進めています。新校舎で始まる法政大学第二高等学校のこれからに注目が集まります。

２０１６年度（平成28年度）からは入試制度も新しくなります。男女別々に募集定員が定められ、合格ラインもそれぞれに異なります。男子２７５名、女子１６０名を募集します。

最後に北詰校長先生は「本校では教員同士だけでなく、養護教諭やカウンセラーとも連携してチームで生徒の指導にあたっています。そんな先生方と話しあって今年度から『出会い、向き合い、「自分」をつくる。』という新たなキャッチフレーズを設けました。生徒にはささやかでもいいから、ほかの人々と共同して、社会を少しでもよくしていけるような人材に育ってほしいです。積極的に人と出会いかかわりながら、充実した施設や付属校の強みを活かして、さまざまなことにチャレンジしようと考える生徒さんに来ていただきたいですね」と締めくくられました。

2015年度（平成27年度）大学合格実績

大学名	合格者	大学名	合格者
法政大学推薦入学者内訳		グローバル教養学部	1
法学部	68	計	443
文学部	37	他大学合格者（国公立）	
経済学部	74	筑波大	1
理工学部	27	東京工大	1
生命科学部	15	横浜国立大	3
デザイン工学部	23	首都大学東京	1
社会学部	53	国公立大合計	6
経営学部	58	他大学合格者（私立）	
国際文化学部	19	早稲田大	6
人間環境学部	23	慶應義塾大	3
現代福祉学部	7	上智大	1
情報科学部	7	東京理科大	2
キャリアデザイン学部	15	その他私立大	50
スポーツ健康学部	16	私立大合計	62

和田式教育的指導

夏休みの勉強を有意義にする失敗しない学習計画の立て方

早いもので、あと少しで夏休みが始まります。勉強時間がいっぱいあると思うと、あれもこれもと色々なことに手を出したくなりますが、詰め込みすぎると途中で挫折する可能性もありますので、気をつけてください。失敗しない学習計画を立てるコツをご紹介しましょう。

無理のない計画を1週間のサイクルで

夏休みなど、長い休みの間は、1週間というサイクルをあまり意識しないかもしれません。しかし、学習計画を立てるうえでは、1週間を意識することはとても重要です。

例えば、1週間である問題集を100ページ勉強するという計画を立てるとします。1日に20ページずつ取り組めば、月曜日から金曜日までの5日間で、計画通りに100ページできることになります。

では、もし金曜日までに80ページしかできなかったらどうしますか。そのときのために土曜日があるのです。金曜日までにやり残したことが出てしまった場合、土曜日に残りの20ページをやります。1日にこなすページ数を決めても、計画通りに勉強を進めるのは想像より難しいものです。しかし、土曜日を予備の日に設定しておけば、多少計画が遅れてもそこで挽回できるのです。

それでも終わらないという場合は、残念ながら計画に無理があるということです。すぐに計画を見直して、

和田先生のお悩み解決アドバイス

Q 大人の意見を素直に聞けない

またマンガ？
勉強したら？
うるさいなあ
これ読んだらやるよ!!
マンガ

Hideki Wada

和田秀樹

1960年大阪府生まれ。東京大学医学部卒、東京大学医学部附属病院精神神経科助手、アメリカのカールメニンガー精神医学校国際フェローを経て、現在は川崎幸病院精神科顧問、国際医療福祉大学大学院教授、緑鐵受験指導ゼミナール代表を務める。心理学を児童教育、受験教育に活用し、独自の理論と実践で知られる。著書には『和田式　勉強のやる気をつくる本』(学研教育出版)『中学生の正しい勉強法』(瀬谷出版)『難関校に合格する人の共通点』(共著、東京書籍)など多数。初監督作品の映画「受験のシンデレラ」がモナコ国際映画祭グランプリ受賞。

次の週からは、1日に目標とする勉強量を変える必要があります。

そして日曜日は、1週間ぶんの勉強の復習をする日にあててください。復習することで勉強内容がしっかりと身につきます。

「1週間は7日間あるから、7で割ったページ数を毎日やればいい」という計画だと、予定通り進まなかった場合のフォローができないので注意してください。

休息時間を確保し規則正しい生活を

金曜日までの予定が順調に進んだ場合、土曜日は思いきって休みにするのもいいでしょう。

受験生であったとしても、休息やリラックスできる時間をきちんと設けることが大切です。毎日勉強ばかりだと気が滅入ってしまいますし、それが原因でスランプになってしまうこともあるので、休みを上手に取り入れながら勉強に取り組むことがポイントです。

もう1つ、夏休みを過ごすうえで気をつけてほしいことは、1日の生活リズムを崩さないことです。

「夏休みで学校がないから、深夜遅くまで勉強しても大丈夫だし、それで朝の起床が遅くなっても問題ないでしょ」という考え方をする人がいると思いますが、それは大いに間違っています。

夏休みであっても、いつも通り朝6時半〜7時には起きてください。早寝・早起きの習慣を崩さず、規則正しい生活リズムを心がけることが、脳の働きにもよいのです。また、2学期が始まったときにも、無理なく学校生活に入れるというメリットもあります。

夏休みの学習で重要なのは、予定通りに勉強を進められるように無理のない計画を立てること、その計画を狂わせることなく実行できること、きちんと復習することにより勉強したことを身につけること、そしてしっかりと休みを取って規則正しく生活することです。

A 自分が納得できる勉強法を探そう

親や先生など、周りの大人から言われる意見に、つい反発してしまうことはありませんか。「もっと勉強しなさい」「そんな勉強方法じゃだめだ」とガミガミ言われると、つい「うるさいなぁ!」「わかってるよ!」と言い返したり、イライラして勉強どころじゃなくなるという人もいるかもしれません。しかし、勉強する気力が削がれても、受験勉強をしなければならないことは変わりません。志望校に受かりたいという気持ちがあるのなら、感情的にならずに大人の意見を受け入れることも必要です。

それでも、「やっぱり自分にはアドバイスされた勉強方法は合わないな」というような場合は、別の方法を自分で探してみることをおすすめします。勉強方法を紹介した本はさまざまなものが出版されていますので、自分にはどれが合うか色々試してみてください。

中学生くらいの年代には、大人に反発することもよくあります。悩みすぎないで、反抗心をバネにして成長することをめざしてみてはいかがでしょうか。

私が主役。

自分の道を決めるのは、自分だ。
その思いの強さが、夢を実現する力になる。
高校３年間、勉強に、スポーツに、音楽や美術に励み、未来へステップする。

3 Course 3 Class 3 Field

■文理特進コース ■進学コース［文理選抜クラス・文理進学クラス・総合進学クラス（進学系／音楽系／美術系）］■アスリートコース

◆個性を活かす【3コース／3クラス／3類系】
◆年々伸びる進学実績
◆全国レベルを誇るクラブ活動

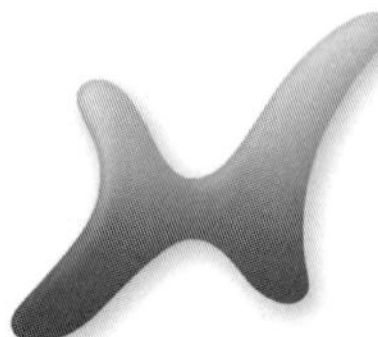

八王子学園
八王子高等学校
Hachioji Senior High School

〒193-0931 東京都八王子市台町 4-35-1 Tel.042-623-3461（代）
http://www.hachioji.ed.jp E-mail info@hachioji.ed.jp
JR中央線［西八王子駅］から徒歩5分

学園祭開催 9/26（土）・9/27（日）

●学校説明会は本校HPにて完全予約制です。 ●詳しい学校紹介はHP又は学校案内をご覧ください。

※このページは37ページから読んでください。

孫「忙しいの？　邪魔だったかなぁ？」
爺「いや、ちょうど、高校受験の連載原稿を書きあげたところだよ。」
孫「懐かしい、高校受験かぁ。」
爺「懐かしいだと？　ついこの２月まで受験生だったくせに。必死な顔して、わからない事柄を質問しに頻繁にやってきたのはだれだっけ？」
孫「で、どんな問題の原稿なの？　まだ解けるかなぁ…(と原稿をのぞきこんで)。えっ、なに、この問題、リアリティがないわ。１日の利益が8000円だって。全然もうかっていないじゃない。」
爺「ん？　そうかな？」
孫「爺ちゃん先生って、相変わらず、世間知らずだよ。私の祖父ながら、少しばかりあきれるわ。１日8000円ならば、ひと月のもうけが…8000円×25日で20万円にしかならないし〜。」
爺「ありゃ、なんてことを。ひと月なら×25日ではなく、×30日だろ。」
孫「だから、爺ちゃん先生は先生なんだよ。世の中には休日というものがあんの。」
爺「あ、なるほど。」
孫「ぜんぶ売り切れるんでしょ。そんなおいしい店なのに、１日に25食や30食しか作らないって、ありえな〜い。行列のできる店なんだから、100食、200食でも不思議でないわ。」
爺「年寄りがやっている店なら…。問題をよく読んでごらん。1日に12000円も利益を出しているときもあるし。そういう時は50食も作っているんだし。」
孫「私ならもっと現実的な問題にするなぁ。
　土日には月〜金よりも平均して2.5倍売れますとか、土日は子ども連れの客が多くて、甘口が辛口の2.5倍売れますとか。」
爺「偉そうな口を叩くなぁ。じゃぁ、君が作ってみなさいよ、その現実的な問題とやらを。」

負けず嫌いな孫娘は、「わかったわ、爺ちゃん先生に『すご〜い』って言わせてみせるから」とうそぶいて、姿を消した。

次の日、孫は再びやってきた。黙って私に紙を差し出し、上目づかいで私を見つめた。そこには、以下のような問題が記されていた。

豪語したわりには、それほどすごいというほどのデキではないが、けっして悪い問題ではない。渋幕のおもしろい問題の類題として、練習のつもりで解いてみるといいだろう。

あるカレー店では、甘口カレー（１人前600円）、辛口カレー（１人前700円）の２種類のカレーを販売している。甘口カレーの利益率は価格の25%であり、辛口カレーの利益率は価格の30%である。次の問いに答えなさい。

(1)　このカレー店では今年(2015年)６月、48万円の利益があった。この月は、毎週水曜日を定休日にしていたが、１日の平均利益は土曜日が平日の1.5倍、日曜日は平日の２倍だった。この月の平日の平均利益はいくらなのか、答えなさい。

(2)　このカレー店の辛口カレーは、原料の都合で1日に30食(30人前)しか作れないが、それは必ず完売になる。この月の土曜日の利益の合計はいくらなのか、答えなさい。

答えは、次号に掲載する予定でいる。

編集部より

正尾佐先生に取り上げてもらいたい問題や、受験問題についての質問、意見を、下記の宛先までＦＡＸやメールでお寄せください。
ＦＡＸ：03-5939-6014
Ｅメール：success15@g-ap.com

※このページは35ページから読んでください。

正解 **(1) 甘口カレー 27食**
辛口カレー 22食

(1)は、基本問題で、易しすぎるくらいだろう。だが、(2)は、かなり手強いぞ。

(2)ある日，このカレー屋さんではスパイスAを200g，スパイスBを400g仕入れることができた。このスパイスの量で利益を最大にするには，甘口カレーと辛口カレーをそれぞれ何食ずつ作ればいいか答えなさい。ただし，作ったカレーはすべて売り切るものとする。

甘口よりも辛口の方が利益は大きいのだから、できるだけたくさん辛口を作るといいに決まっているね。

そうすると、辛口カレー１食はスパイスA4g、スパイスB16gを使うのだから、200g仕入れたスパイスAだけ考えれば、

200(g)÷4(g)=50(食)

50食も作れるが、400g仕入れたスパイスBを考えると、

400(g)÷16(g)=25(食)

25食しか作れない。この場合は、利益が

300(円)×25(食)=7500(円)

7500円になる。ん？「25食だと、スパイスAを100gしか使わないから、あまってしまうよ」。だって？ 心配はいらない。問われているのは利益だ。あまったスパイスAは、翌日使えばいいじゃないか。

しかし、甘口だって１食200円の利益があるのだから、まったく作らないというのも早計だ。念のため、甘口も作るとどうなるか、確かめてみよう。

まず甘口を１食作るとすると、使うスパイスの量はスパイスA12g、スパイスB8gだ。これだと、甘口が１食と辛口が24食作れるね。

いや、ちょっと待った。辛口を１食減らして24食にすると、スパイスBが16g余る。16gなら甘口は２食作れるぞ。つまり、甘口２食、辛口24食だ。そうすると、利益はいくらになるだろう。

(200(円)×2(食))+(300(円)×24(食))=7600(円)

お！ 100円増えるじゃないか。この結果を表にして比べてみよう。

甘口カレー(食)	0	2
辛口カレー(食)	25	24
スパイスA(g)	100	120
スパイスB(g)	400	400
利益(円)	7500	7600

このぶんだと、辛口を１食減らして甘口を２食増やせば、利益が100円ずつ大きくなりそうだ。さあ。確かめてみよう。

辛口をさらに１食減らして23食にすると、甘口はさらに２食作れる。甘口４食、辛口23食だ。それを表にすると、

甘口カレー(食)	0	2	4
辛口カレー(食)	25	24	23
スパイスA(g)	100	120	140
スパイスB(g)	400	400	400
利益(円)	7500	7600	7700

この調子でやっていくと、以下のようになる。

甘口カレー(食)	0	2	4	6	8	10	12
辛口カレー(食)	25	24	23	22	21	20	19
スパイスA(g)	100	120	140	160	180	200	220
スパイスB(g)	400	400	400	400	400	400	400
利益(円)	7500	7600	7700	7800	7900	8000	8100

おお、どんどん利益が増えていくぞ！ と思ってはならない。この表には落し穴がある。さあ、それを見つけよう。

気がついたね。落し穴はスパイスAの量だ。スパイスAはどれくらい仕入れたのだったっけ？ そう、200gだ。つまり、上の表の右端、甘口12食・辛口19食が不可能なのだ。

というわけで、作れるのは甘口10食・辛口20食までということになる。

正解 **(2) 甘口カレー 10食**
辛口カレー 20食

「爺ちゃん先生、こんにちは！」

おや、訪問客だ。客といっても高校生で、私の孫娘だ。孫だって?! と驚かなくてもいい。私はとうに70歳を超えた老人だ。

Tasuku Masao

教育評論家 正尾 佐の

高校受験指南書

［百四の巻］
今年出たおもしろい問題2

「今年出たおもしろい問題」シリーズの第２弾は数学だ。

色々な文章を使って入試問題を作れる国語や英語などと違って、数学は「おもしろい」問題を作りにくい。それでも、数学の先生たちのなかには、あれこれ工夫をして「おもしろい」ものを出そうとする人たちがいる。渋幕こと渋谷教育学園幕張の先生たちもそうだ。同校の今年の第３問はこういう問題だ。

> あるカレー屋さんでは,「甘口カレー」と「辛口カレー」の２種類のカレーを販売している。甘口カレーは１食当たり200円, 辛口カレーは１食当たり300円の利益がある。また, 甘口カレーを１食作るにはスパイスＡを12g, スパイスBを8g使い, 辛口カレーを１食作るにはスパイスＡを4g, スパイスBを16g使う。次の問いに答えなさい。

数学の得意な人なら、問題文を読みながら、頭のなかに次のような<整理>が浮かぶだろう。

甘口…利益200円　A12g+B8g
辛口…利益300円　A4g+B16g

問いを見よう。

> (1)ある日, このカレー屋さんでは12000円の利益があった。また使ったスパイスＡ, Bの量は合計で980gだった。甘口カレーと辛口カレーをそれぞれ何食ずつ作ったのか答えなさい。ただし, 作ったカレーはすべて売り切れたものとする。

さっそく解こう。「それぞれ何食ずつ作ったのか」という質問だから、甘口をx食、辛口をy食としようね。

甘口を売った利益は、$x\times200$(円)$=200x$(円)
辛口を売った利益は、$y\times300$(円)$=300y$(円)
この日の利益は12000円というのだから、
$200x$(円)$+300y$(円)$=12000$(円)…①

次に、スパイスの量を考えよう。

スパイスA12gとスパイスB8gで甘口１食、スパイスA4gとスパイスB16gで辛口カレー１食だ。つまり、

甘口１食…12(g)+8(g)=20(g)
辛口１食…4(g)+16(g)=20(g)

甘くても辛くてもどちらも20gで、スパイスの量は同じだね。

この日に使ったスパイスの量は
$(x+y)\times20$(g)
それが980gだというのだから、

$(x+y)\times20$(g)$=980$(g)
$20(x+y)$(g)$=980$(g)…②

この①と②の連立方程式を計算すれば答えが出る。

$200x+300y=12000$…①
$20(x+y)=980$…②
②の両辺を10倍すると、
$200(x+y)=9800$
$200x+200y=9800$
これを①から引くと、

$$\begin{array}{rl} & 200x+300y=12000 \\ -) & 200x+200y=9800 \\ \hline & 100y=2200 \end{array} \quad \therefore y=22$$

$y=22$を②に代入すると、
$20(x+y)=980$…②
$x+y=49$
$x+22=49$　　$\therefore x=27$

国語

東大入試突破への現国の習慣

田中コモンの今月の一言！

「追い風」が吹いている！と思ったときこそ、冷静に。

田中（たなか）利周（としかね）先生
早稲田アカデミー教務企画顧問
東京大学文学部卒。東京大学大学院人文科学研究科修士課程修了。文教委員会委員。現国や日本史などの受験参考書の著作も多数。

グレーゾーンに照準！今月のオトナの言い回し「不機嫌」

「不機嫌になる理由がわかりません！」皆さんと同じ、中学生のお子さんを抱えるお母様からの「お悩み相談」が、筆者のところに届きました。塾でのクラスが上がった息子さんに対してお母様は、「やったじゃない！　○○高校（息子さんの第一志望校）が見えてきたよね！　がんばって！」と声をかけたそうなのですが…当の息子さんは、ぶすっとした不機嫌な顔で横を向いてしまい何の返事も返ってこなかった、というのです。お母様としても、なにも幼い子どものように「うん！　僕、がんばるから！」などという素直な返事を期待していたわけではないそうです。そりゃ、思春期真っ只中の男子に、そんな返事をされても「かえって気持ち悪い（笑）」とは言いすぎでしょうが、そもそも普段からそんな態度を息子さんは見せていないでしょうからね。そこはお母様も気にしていらっしゃいません。お母様に対してだけではなく、家族に対して素っ気ない態度をとってしまいがちなのが、中学生男子の一般的な姿でもあるでしょうから。そこではなく、お母様のお悩みのポイントは「不機嫌」になること、なのです。「クラスが上がって、どうして不機嫌になるのかがわからない」というワケです。

　中学生の皆さんでしたら、なんとなくわかるのではないでしょうか。彼がなぜ「不機嫌」に見えるか、が。説明はできなくても、気持ちはわかる！　と。そうですよね、彼はプレッシャーを感じているのですよね。第一志望校である○○高校の受験を、もろに意識させられているからですよね。「不機嫌」なのではなくて、「シリアス（真面目）」に受けとめているからこその態度なのだ、ということがわかってほしいですよね。

　ことほどさように、親御さんの思いとお子さんの思いというのは、すれ違うものなのですが、両者の間に常に立ち続けてアドバイスをする我われ講師には、それぞれに対して伝えたいことがあるのですよ。

　先ずは中学生の皆さんに。親御さんは、誰よりも皆さんの「成功」を願っています。皆さん以上に、と言ってもいいかもしれません。それは、子どもの喜ぶ姿が親にとっての最高の幸せ、だからです。決して「成功してほしい」と、親の期待を押しつけているのではないのです。「喜んでほしい」というのが、親の本音なのですよ。皆さんが「期待にこたえたい！」とばかりにプレッシャーを感じてしまうようなケースというのは、本来は決して親御さんが望んでいることではないのです。このあたりの「親心」を理解できるようになるのが「オトナになる」ということなんですけれどね。でもコレばかりは、子どもを持ってみて初めて実感できることでもあるでしょう。家族をテーマにした「物語文」の読解などで、「親の気持ち」を皆さんがシミュレートしてみることも大切です。「自分とは違う」立場の人の気持ちや考えを忖度するというのが、読解の基本的なスタンスですからね。普段からしっかりと取り組んでください。

　次に親御さんに。このケースでしたら「息子さんは見込みがありますよ!」とお母様にはお伝えします。「第一志望校」の話を持ち出しても、へらへらしているようでしたら、かえって心配です。それは「自分とはまだ関係がない」と思っている証拠だからです。「不機嫌」になるのは、それはお子さんが「本気」だからです。真面目に第一志望校受験を考えているからこそ、「合格が近づいた」などということを簡単には言わないでほしい!という気持ちなのです。親御さんとしては「随分と成長したな!」と思って、見守ってあげてください。でも、口を出さずに見守るというのは、なかなか難しいんですけどね。私も「親」の立場では「全然できていません」と告白せざるをえません(笑)。そのために「間に立つ」我われ講師がいるのですから。モヤモヤは講師にぶつけることです。いつでもご相談くださいませ!

慇・懃・無・礼?!
今月のオトナの四字熟語
「順風満帆」

「じゅんぷうまんぱん」と読みます。「順風」というのは「人や船が進む方向に吹く風」を意味しています。「追い風」のことですね。また「満帆」というのは「帆をいっぱいに張ること」を意味しています。ですから「順風満帆」というのは「追い風を帆いっぱいに受けて船が軽快に進んでいく様子」を表していることになります。そこから、「物事がすべて順調に進行すること」のたとえとして使われることになるわけですね。

　筆者はこの「順風満帆」という四字熟語を耳にすると、ついつい思い出してしまう歴史的事件があります。1274年の「文永の役」と1281年の「弘安の役」、鎌倉時代に二度にわたって日本を襲った国難、「元寇」です。当時世界最強の帝国であった「元」のフビライが、日本の鎌倉幕府の執権北条時宗に屈服を迫るのですが、時宗は断ってしまいます。結果、大軍勢を引き連れた元軍が、九州は博多湾に侵入してきます。その時の様子は、「蒙古襲来絵詞」に詳しく描かれています。この作品は歴史の教科書や資料集に登場する「最も有名な作品」と言われており、高校入試にも「最もよく出る」とささやかれていますので、皆さんもご存知でしょう。元軍の「てつはう」や「集団戦法」に苦しめられた、というのも皆さんが学習した内容ではないでしょうか。この二度にわたる「元寇」ですが、いずれも元軍にとっては運悪く、強烈な暴風雨に見舞われてしまい、退却を余儀なくされました。日本にとっては運良くやってきてくれた暴風雨ですよね。まるで日本を守るために、タイミングよく吹いてくれた強烈な風です。ここから「神風」という言葉も生まれました。

　「たまたま偶然が、重なっただけだよ」とそんな感想が聞こえてきそうですが、「いやいや、必ず神風は吹いたに違いない!」という意見の方もいらっしゃいます。筆者の中学校の先輩に、大手大学受験予備校の日本史の講師を担当された先生がいらっしゃいます。いわゆる「人気アンケート」で日本一に輝いた実績もお持ちの先輩なのですが、その先輩が筆者に教えてくれました。「元軍が何度やってこようとも、必ず暴風雨は吹いたでしょう」と。「それって神風でしょうか?」という筆者の問いに対して、先輩は次のように解説して下さいました。

　元軍はどうやって日本にやってくるのかを考えてみましょう。当然、船でやってくるわけですね。ペリーの時代はまだ先の話ですから、蒸気船ではありません。では、人力で船をこいでいたのでしょうか? そうでもありません。帆船なのです。帆を張って風の力で船を進めていたのですね。「待てば海路の日和あり」というように、海が荒れていれば出航もできませんが、進行方向に向かって「いい風」が吹いていなければまた、遠くへの船出は難しかったのです。ですから、九州方面に向かって「すごくいい風」が吹くタイミングでなければ、「元寇」は行えない。この九州方面に向かって継続的に吹く強い風、というのがポイントで、これは端的に「台風」のことを指しているのだ、というオチ(笑)です。元軍は常に台風の進路にのって日本にやってきた、ということになります。だから「何度日本にやってきても、必ず神風=台風は吹くのです」と。

　「順風満帆」=帆にいっぱいの風を受けて進む元軍。先輩のおかげで、このイメージが筆者の頭には焼きついてしまいました。「追い風だと思い込む前に、冷静に状況分析」というのが、オトナにとって必要な態度だと思うようになりましたね。皆さんも「いける!」と思った時ほど冷静に! 特にテストでは、ですよ!

場合分けすると、

(ア)　$0 \leqq x \leqq 5$のとき、$AP = 3x$、$BQ = 2x$だから、

$3x + 2x = 15$

これを解いて、$x = 3$で、これは条件に適する。

(イ)　$5 < x \leqq 7.5$のとき、$AP = 30 - 3x$、また、$BQ = 2x$より、

$(30 - 3x) + 2x = 15$

これを解くと、$x = 15$であるが、これは条件に適さない。

(ウ)　$7.5 < x \leqq 15$のとき、$AP = 30 - 3x$、$BQ = 30 - 2x$だから、

$(30 - 3x) + (30 - 2x) = 15$

これを解いて、$x = 9$で、これは条件に適する。

したがって、(ア)～(ウ)より、**3秒後と9秒後**

2問目は、平面図形との融合問題です。

問題2

a，bは正の数とする。図において点Oは原点，点Aの座標は$(2a,\ 0)$，点Bは$BO = BA$を満たす点で，そのy座標をbとおく。△OABの面積が12であるとき，次の問いに答えなさい。

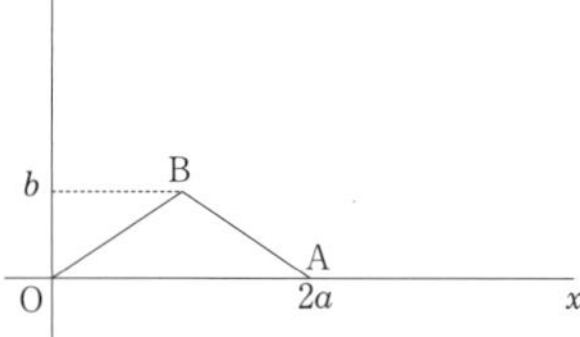

(1)　bをaの式で表しなさい。

(2)　$a = 3$のときの△OABと$a = p$のときの△OABの重なった部分の面積が6になった。このときのpの値をすべて求めなさい。

（お茶の水女子大附属・改題）

<考え方>

(2)　重なった部分の面積6は、△OABの面積の$\frac{1}{2}$であることに注目します。

<解き方>

(1)　△OABの面積が12であることから、$\frac{1}{2} \times 2a \times b = 12$が成り立つ。

これをbについて解いて、$b = \frac{12}{a}$

(2)　図１のように、重なった部分の面積が6になるのは、(ア)$0 < p < 3$のときと、(イ)$p > 3$のときの2つの場合がある。

(ア)$0 < p < 3$のときの△OABを△OA_LB_Lとし、線分A_LB_Lと線分OBの交点をMとすると、重なった部分△OA_LMの面積が6で△OA_LB_Lの$\frac{1}{2}$だから、MはA_LB_Lの中点である。

$A_L(2p、0)$、$B_L(p、\frac{12}{p})$より、$M(\frac{3}{2}p、\frac{6}{p})$

これが、直線OB：$y = \frac{4}{3x}$上にあるから、点Mの座標を代入して、$\frac{6}{p} = \frac{4}{3} \times \frac{3}{2p}$

これを整理して、$p^2 = 3$より、$p = \pm\sqrt{3}$

$0 < p < 3$だから、$p = \sqrt{3}$

(イ)$p > 3$のときの△OABを△OA_RB_Rとし、線分OB_Rと線分ABの交点をNとすると、NはABの中点である。

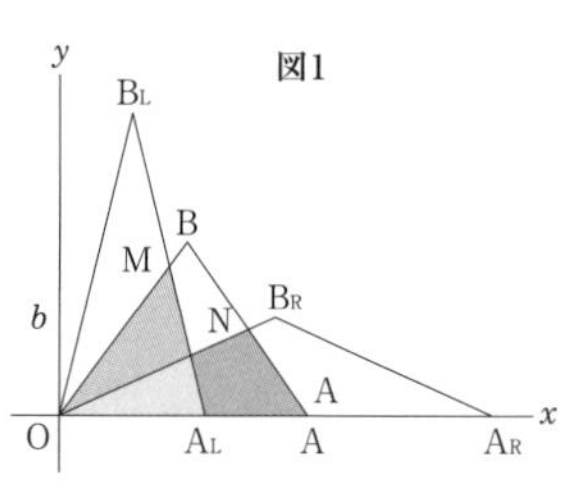

$A(6、0)$、$B(3、4)$より、$N(\frac{9}{2}、2)$

よって、直線OB_Rの式は$y = \frac{4}{9}x$

これに$B_R(p、\frac{12}{p})$を代入して、$\frac{12}{p} = \frac{4}{9p}$

これを整理して、$p^2 = 27$より、$p = \pm 3\sqrt{3}$

$p > 3$だから、$p = 3\sqrt{3}$

したがって、(ア)、(イ)より$\boldsymbol{p = \sqrt{3}、3\sqrt{3}}$

一般的に、速さに関する問題は、問題文が長くなる傾向がありますから、問題をよく読み、グラフの意味をしっかりつかみ、条件を整理していくことがポイントです。また、問題2のように、数量と図形の融合問題となっているものが少なくありません。その場合、関数の基礎知識に加えて、方程式の解法や図形の定理をしっかりと身につけていなければ正解を導けないことになります。

まずは、関数の式や交点の座標を求める基本の練習を行い、さらに、できるだけ多くの問題にあたり、１つひとつ解法のパターンを身につけていくことが大切です。地道な努力が数学の総合力を引きあげることにつながりますので、ぜひ頑張ってください。

数学

楽しみmath 数学！DX

グラフの意味を理解し、条件を整理するために問題をよく読もう

登木 隆司先生
早稲田アカデミー 城北ブロック ブロック長
兼 池袋校校長

今月は、１次関数の応用問題の解き方、考え方を見ていきましょう。

最初は、点が図形の辺上を移動する問題です。

問題１

右の図のように，AB＝6cm，BC＝15cmの長方形ABCDがあります。点Pは点Aを出発して，一定の速さで辺AD上を1往復して止まり，点Qは点Bを出発して，一定の速さで辺BC上を１往復して止まります。

下のグラフは，点P，Qが同時に出発して，それぞれの点が１往復して止まるまでの時間（秒）と線分AP，BQの長さ（cm）との関係を表したものです。

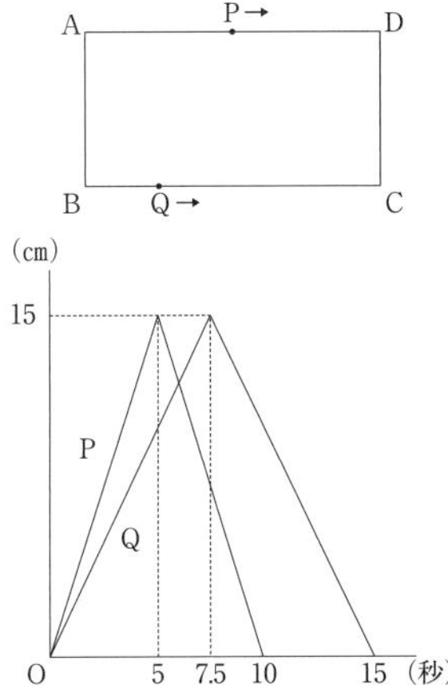

このとき，次の各問に答えなさい。

⑴　点Pが点Dに向かっているとき，点Aを出発してからx秒後の線分APの長さを，xを用いて表しなさい。

⑵　四角形ABQPの面積が，長方形ABCDの面積の$\frac{1}{2}$になるときは２回あります。それは点P，Qが同時に出発してから何秒後と何秒後か求めなさい。（埼玉県）

<考え方>

⑵　点Dを折り返したあとは、
点Pが動いた距離＋線分APの長さ＝30（cm）という関係が成り立ちます。

<解き方>

⑴　グラフを見ると、点Pは、15÷5＝3より、毎秒3cmの速さで進むことがわかるから、$0 \leqq x \leqq 5$のとき、点Aを出発してからx秒後の線分APの長さは**$3x$（cm）**

⑵　四角形ABQPは台形だから、その面積は$\frac{1}{2}$×（AP＋BQ）×6で求められるので、AP＋BQ＝15のときに、四角形ABQPの面積は長方形ABCDの面積の$\frac{1}{2}$になる。

また、点Qの速さは、15÷7.5＝2より、毎秒2cmである。

よって、点P、Qが点Aを出発してからの時間をx秒として、㋐点Pが点Dに向かっているとき、㋑点Pが点Aに向かい、点Qが点Cに向かっているとき、㋒点Qが点Bに向かっているときで

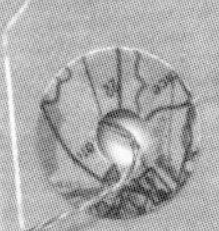

英語で話そう！

川村 宏一先生
早稲田アカデミー　教務部中学課
上席専門職

朝がちょっぴり苦手な中学３年生のサマンサは、父（マイケル）と母（ローズ）、弟（ダニエル）との４人家族。

この夏、家族４人で旅行に行くことになりました。サマンサとマイケルは空港のチケットカウンターで、４人ぶんの航空券を買おうとしています。

７月某日

Samantha：I'd like to take the 10-o'clock a.m. flight to San Francisco. …① Are there any seats left?
サマンサ：サンフランシスコ行きの午前10時の便に乗りたいのですが。空席はありますか？

Airline staff：We'll make sure the vacant seat. Could you wait for a moment, please?
⋮
Yes, there are. How many tickets would you like? …②
航空会社職員：空席を確認いたします。少々お待ちください。
…はい、ございます。何枚必要ですか？

Michael：Four tickets. What's the fare?
マイケル：４枚です。運賃はいくらですか？

Airline staff：It's 1000 dollars in all. I am issuing flight tickets now.
⋮
Here they are. …③ Have a nice flight.
航空会社職員：全部で1000ドルです。発券いたします。
…どうぞ。よい空の旅を。

今回学習するフレーズ

解説①　take ～	「～に乗っていく」 (ex) I took a taxi to the station. 「私は駅までタクシーに乗っていきました」
解説②　How many ～?	「いくつの、何人（枚）の」（数を聞くときの表現） (ex) How many people are there in the room? 「部屋に何人の生徒がいますか」
解説③　Here ～	「はいどうぞ」（ものを渡すときの表現） (ex) Here you are. ／ Here it is.

教えてマナビー先生！

世界の先端技術

▶マナビー先生

日本の某大学院を卒業後海外で研究者として働いていたが、和食が恋しくなり帰国。しかし科学に関する本を読んでいると食事をすることすら忘れてしまうという、自他ともに認める"科学オタク"。

search 音で消す消火器

だれも信じなかった発想から出発し 音波で酸素を遮断する消火器が完成

学校で消火訓練をしたことがあると思う。燃えている炎に消火器を向け、ノズルを引いたときってドキドキしたものだ。理科の時間には炎を消すために必要な要素も習ったよね。

アメリカの大学生２人が、いままでとはまったく違った消火器を発明したんだ。なんと、音で消す消火器だというから驚きだ。音で炎が消えるのだろうか。インターネットに紹介されている彼らの装置が数秒で炎を消す映像を見ても、本当かなと、ちょっと信じられない。音は見えないからね。

アメリカの学生２人が考えた「音で消す消火器」（写真:Ricky Carioti=ワシントンポスト）

電気とコンピューターを専門とした２人が研究を始めたとき、「君たちは化学を専門にする学生でもないのだから、そんな装置なんてできっこないよ」と周りから冷たい目で見られもしたそうだ。

それでも、試行錯誤を繰り返して少しずつ研究は進められた。まずは２万〜３万ヘルツの周波数を炎にあててみた。炎は揺れるけれど消えなかった。

そこで周波数を下げていった。30〜60ヘルツの低周波にすると、なんと炎が消え始めた。すごいね。でも、彼ら自身「正直言ってうまくいくとは思ってはいなかった」らしい。原理を調べると、音が圧力となり、可燃物を燃やすのに必要な酸素を、可燃物に到達できなくしていることがわかったそうだ。

それが出発点。普通の消火器のように、持ち運べるサイズに小型化するのが大変だったという。本当に効果的な周波数を選ぶことも必要だったし、スピーカーから出る音波を炎に効率よくあてるためのケースも必要になった。そうして大変な時間がかかったけれど、ついに完成したんだ。

「音で消す消火器」は、危険な化学物質や水を使わないので、宇宙ステーションでの消火を含めて、色々な場面での利用が考えられている。

問題点もないわけではない。防災研究者は「音の消火器の問題点は、炎を冷やしていないことだ。炎は消えても、燃える物質があれば高温だとまた燃え始める」と言っている。理科の時間を思い出しただろうか。燃えるためには可燃物質と燃える温度と酸素が必要だ。音で消す消化器では、酸素を一時的に遮断できたけれど、一度燃えてしまうと消すのはなかなか難しい、ということだね。でも、今後が楽しみな消火器だということは言えるね。

新コース体制1期生の難関大学現役合格者数が大躍進!!

3年前に3コース制（S特・特進・進学コース）を導入し、自学創造とグローバル社会に貢献できる人材の育成を目標に、自ら考え学ぶ力を伸ばす教育を展開してきた安田学園。生徒一人ひとりの進路目標や学力に合わせたきめ細かな学校完結型の教育が実り、平成27年度大学入試において、新コース体制1期生が、難関大学現役合格者数昨年比1・8倍という大躍進を遂げました。この躍進の背景には、安田学園独自のきめ細かな進路指導があります。

安田学園では、『「なりたい自分」から「なれる自分」へ』を合言葉に、さまざまな進路指導を行っていますが、その中でも定期試験や模擬試験の終了ごとに行われる「学習指導検討会」・「模試検討会」が最も特徴的な指導です。この検討会では、生徒一人ひとりの学習状況を学年団の先生全員で分析し、生徒の強み・弱みを理解し、個々の生徒の進路に向けた学習方法を考え、指導していきます。このきめ細かな進路指導が今春の飛躍的な実績を生んだ要因の一つともいえます。

グローバル社会への貢献

第1志望大学への現役進学を目指す

自ら考え学ぶ創造的学力・人間力の育成

自ら考え学ぶ授業	人間力	S特コース 探究	特進・進学コース ライフスキル
基礎学習力 活用力 基礎学力 の育成	人間力教育 体育祭・安田祭（学校行事） クラブ活動	課題設定 仮説設定 検証 による探究力の育成	問題発見能力 問題解決能力 積極表現能力 の育成

共学化2年目の様子

共学化2年目の今年、学園内はどんな様子なのか。高等部主幹の奈良剛史先生に現在の様子をお伺いしました。

「〝私たち安田学園共学化1期生が新しい世界を切り開いていくんだ〟という強い意思を持って入学してくれた女子が多く、授業はもちろん生徒会活動、安田祭（文化祭）・体育祭などに大変積極的に参加してくれていますので、学園全体の雰囲気が共学前よりもとても明るく、活気にあふれています」と嬉しそうに話して頂きました。また、「女子の方が積極的に職員室にやってきて納得のいくまで質問をするので、それに引っ張られて男子もかなり積極的に質問に来るようになりましたね」と、生徒のやる気に答えようと先生方も生徒一人ひとりと真剣に向き合っている様子がうかがえました。これまで男子校にはなかった状況に先生たちも良い刺激を受けているようです。

東大など最難関国立大を目指す「S特コース」

S特コースは、現役で東大をはじめとする最難関国立大学へ合格を目指すコースです。そのS特のこだわりが、「一人ひとりに最適なアシストを」をスローガンに行う緻密な学力分析による学習サポート制度です。

入学後、4月に行われるのが、入学前の「事前全体説明会」でレクチャーした学習法が実践されているかを確認するための「学習法探究合宿（2泊3日）」です。この合宿は、1班5名程度で行われ、教員一人ひとりが生徒の横に着き、学習の様子を確認➡フィードバックを繰り返しながら、個々の生徒にあった学習方法をアドバイスしていくという内容で行われます。そして合宿後は、英・国・数3教科は週1回、理・社を含めた5教科は2週間に1回教科担当者会議を行い、学習面だけではなく、生活面の様子も確認し、担当者全員で共有化して指導に活かしています。

また、S特コースの最大の特色は、1・2学年で行われる探究の授業です。ある課題に対して、「疑問➡仮説設定➡検証」を繰り返すことで、自ら根拠をもって論理的に考え表現する力を養います。1学年は、探究基礎力をつけるためのグループ探究を行い、2学年の5月にシンガポールの国立大学で1年間の成果を英語でプレゼンします。昨年は、「隅田川の底はなぜ見えないのか」という課題から、土と水の関係を調べ「外国産の割り箸を使うことは悪いことなのか」といった内容まで到達しており、探究を通して活発な議論を展開していました。さらに個人探究では、「室町から江戸時代における鉄砲の進化の考察」「なぜアメリカは超大国になったのか」などバラエティ豊かな課題を探究していました。

難関国公立大・早慶上理・GMARCHを目指す特進・進学コース

安田学園の基幹コースである特進・進学コースは、自ら考え学ぶ力（自学力）の育成に重点を置いています。入学直後から行われる朝15分、放課後30分の独習や6月に行われる学習合宿（3泊4日）での60分25回の独習を通して「自ら考え学ぶ学習法」を体験的に学ぶことで、自学習慣の確立を目指します。また、基礎学力の徹底にも力をいれており、1学年の2学期から英語と数学で週1回の習熟度チェックテストを行い、授業の遅れが気になる生徒には放課後補習を課し、理解できるまで丁寧な指導を行い、効果的な学習法をアドバイスします。この習熟度チェックテストを繰り返し行いながら、2学年の3学期からは大学入試に向けた放課後進学講座が始まり、進学合宿、長期休暇中の講習会などを経て、大学入試直前まで様々な入試対策講座が用意されています。この「学校完結型」教育が今春の難関大学合格実績にも結び付いており、今後さらに充実した講習等を行う予定です。広報本部長の金子直久先生は、「学校としては塾や予備校に頼らないで、学校完結型で第一志望大学現役進学を目指しています。なぜなら、生徒をよく理解している先生が行うことが、生徒にとって効果的であり、質問や相談もしやすく、学校としてあるべき進路指導だと思います。事実、昨年12月の通塾アンケートでは、現2・3年生の通塾率は1割に満たない状況でした。ちなみに、夏期・冬期講習や入試対策演習講座はすべて無料です」と自信を持って語ってくれました。

「自学創造」教育により、本質的な学びをベースとした先進的な進学校として生まれ変わった安田学園。2年後には共学化第1期生が旅立って行きます。彼ら彼女らが、安田学園にどんな新しい風を起こしてくれるのか、今後の活躍がとても楽しみです。

2016年度 入試学校説明会

9/ 5(土)10:00〜・14:30〜　11/ 7(土)14:30〜
10/ 3(土)10:00〜・14:30〜　11/28(土)14:30〜
※11/28・12/5は入試解説も行います。　12/ 5(土)14:30〜

安田祭（文化祭）

10/31(土)・11/ 1(日)　両日とも10:00〜15:00

安田学園高等学校　www.yasuda.ed.jp/

〒130-8615　東京都墨田区横網2-2-25
TEL：0120-501-528（入試広報室直通）
◆JR総武線「両国駅」西口徒歩6分　◆大江戸線「両国駅」A1出口徒歩3分
◆浅草線「蔵前駅」A1出口徒歩10分

Bungou Retsuden

古今文豪列伝

第9回

徳田秋声（とくだしゅうせい） Syusei Tokuda

金沢出身の3人の文豪を紹介する2回目は、徳田秋声だ。

1871年（明治4年）、貧しい旧加賀藩士の末っ子として金沢に生まれた。本名は末雄。子どものころは病弱で、小学校には1年遅れて入学、1888年（明治21年）、金沢の第四高等中学（のちの第四高校、現金沢大）に入学したんだけど、1891年（明治24年）、父が急死したこともあって中退して上京したんだ。

東京では尾崎紅葉の門をたたいたけど断られ、新聞記者をしたり、英語教師をしたりして各地を転々とした。

1894年（明治27年）、同郷の泉鏡花の口利きもあって尾崎紅葉の門に入り、本格的に小説を書き始める。

1896年（明治29年）、被差別部落出身の父娘に取材した『藪柑子（やぶこうじ）』を『文芸倶楽部』に発表、これが処女作となった。

1900年（明治33年）には読売新聞に『雲のゆくへ』を連載、大きな評価を得た。これが出世作ということだね。こうしたことから、泉鏡花、小栗（おぐり）風葉（ふうよう）、柳川春葉（やながわしゅんよう）とともに、紅葉門下の四天王と呼ばれたりもしたんだ。

1901年（明治34年）には『怠け者』『桎梏（しっこく）』を、翌年には『春光』を、その2年後には『少年華族』を発表、自然主義的な作風が注目された。

この傾向は1904~1905年の日露戦争以降、さらに顕著になり、1907年（明治40年）には『出産』『新世帯』を発表、その後の『黴（かび）』『爛（らん）』『あらくれ』に結実していく。

1911年（明治44年）から東京朝日新聞に連載された『黴』は秋声の代表作とされ、作者が投影された主人公の絶望的な生き方は大きな反響を呼んだ。1915年（大正4年）に読売新聞に連載された『あらくれ』も旧時代と訣別する新しい女性を描き、一流の作家としての地位を築いたんだ。

その後は通俗小説などを多く手がけたけれど、昭和の初期には『町の踊り場』などの心境小説を発表、また、庶民の生活を描いた『勲章』も好評を得たんだ。

太平洋戦争が始まった1941年（昭和16年）から、都新聞に芸者の世界を描いた『縮図』の連載を始めたけれど、内閣情報局から「時局から好ましくない」と指摘を受けたため、中断を余儀なくされ、再び筆をとることなく1943年（昭和18年）、がんのために亡くなった。71歳だった。

~徳田秋声『あらくれ』~

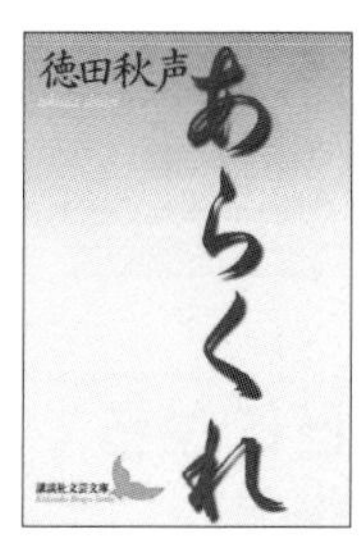

『あらくれ』
1,300円＋税
講談社文芸文庫

農家の養女のお島は養家のすすめる結婚を拒否して家を飛び出す。その後、別の男性と結婚するが離婚。さらに再婚したものの、やがて独立をめざす。不幸な生い立ちの女性が自我に目覚め、自分なりの人生を歩む姿が描かれる。

みんなの
数学広場
TEXT BY かずはじめ
数学を子どもたちに、楽しく、わかりやすく、使ってもらえるように日夜研究している。好きな言葉は、"笑う門には福来る"。
A
B
C
A
B
C
A
B
C
×
×
○
×
×
○
×
×
○

初級～上級までの各問題に生徒たちが答えています。
どの生徒が正しい答えを言っているか当ててみよう。
もちろん、当てずっぽうじゃなく、実際に問題を解いてみてね。

答えは次のページ

正直村とうそつき村に分かれる分かれ道。
そこで、旅人は「正直村へはどちらの道を行けばいいか」を聞くことにしました。
正直村の人に聞けば、正直に答え、うそつき村の人に聞けば必ずうそをつくとします。いまちょうど、この分かれ道に村の人がやってきました。どちらの村の人かはわかりません。なんとか１回の質問で正直村への道を選ぶには、どんな質問をすればいいでしょうか？

A 答えは…
あなたの年齢はいくつですか？

B 答えは…
私はどこに行けばいいですか？

C 答えは…
あなたはどこから来ましたか？

2人の男が将棋の試合をしていました。
2人とも5試合して5戦連勝したと言うのですが、そんなことはあるのでしょうか？

A

B

C

アインシュタインの生まれた3月14日は円周率の日です。
さて、日本ではなんの日？　ただし、ホワイトデーは除きます。

A

B

C

みんなの数学広場 

あなたはどこから来ましたか？　と聞けば、正直村の人は自分の村の方向をさし、うそつき村の人はうそをつくために、正直村の方向をさすからです。

A
×
どうして年齢を聞くの？
B
×
その質問にはどちらも
答えられないよ！
C
正解

中級 正解は C

2人とも、違う相手と試合をしていたのです。
だから、2人とも5戦連勝できます。

A ×
もうちょっと問題を
よく読もう。
B ×
5試合と書いてあるのに、
なぜ10試合？
C
正解

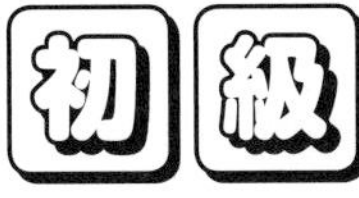

初級 正解は A

アメリカでは、2009年に下院で3月14日を全米円周率の日とする決議案が可決されたぐらいに大事な日。また、ドイツでは円周率が3.141592…ということにかけて、3月14日の15時9分にパーティーをするところもあります。πにかけてパイを食べるところもあるとか…。楽しそうですね。

A
正解
B ×
日本では
そうじゃないんだよ。
C ×
すごく日本的だね。
ご縁を大切に！

生命理工学部の勉強と週５日の部活動をしっかり両立しています

東京工業大学

生命理工学部
生命工学科３年
相川（あいかわ） 智洋（ともひろ）さん

２年次から始まる専門的な勉強

――大学のことを教えてください。

「高校では東京大をめざすコースに在籍していましたが、生物や化学を詳しく勉強したかったので、理系分野で名高い東京工大の生命理工学部も視野に入れていました。

東京工大は1年生は学部全員が同じ科目を履修し、2年生から学科に分かれていくのが特徴です。学科は、化学をメインに学ぶ生命工学科、生物をメインに学ぶ生命科学科の2種類あり、どちらに進むかは本人の希望と1年生の成績をふまえて決定します。1年生の講義は数学や化学、物理などの基礎的な事項を扱うだけでしたが、2年生からは、有機化学、生物化学など、学科ならではの専門的な勉強ができて楽しかったです。

3年生からはさらに細かくコースに分かれていきます。ここで決めたコースが4年生から所属する研究室に直結していくので、コース選びは慎重になりました。講義内容も専門性が高まってきて、その研究が社会でどう活かされているのかということまで学んでいます。ちなみに生物工学コースを選択しました。」

中高時代の勉強

朝型のおかげで…

担任の先生にすすめられて高2くらいから朝型の生活に変えました。1時間目が始まる1時間前くらいに学校に着き、朝から図書館で勉強していました。偶然だとは思いますが、最終的にほとんどのクラスメイトが志望大に合格することができたのは、先生が朝型を推奨してくれたおかげかもしれません。

大学生活エトセトラ

サッカー部

小4から始めたサッカーを大学でも続けています。練習が週5日と多いので、周りからは大変そうだと言われますが、中高時代も勉強と部活動を両立させてきた部員ばかりなので、みんなそこまで大変そうにはしていません。むしろ適度にメリハリがついていいような気がします。

練習場所は1・2年生のときに通っていた大岡山キャンパス内にあるグラウンドです。都心の大学だとグラウンドは郊外、という場合も多いのに、東工大は敷地内にグラウンドがあるのも魅力だと思います。

東京都大学サッカーリーグのリーグ戦が1年を通してあるのでほぼ毎週試合をしています。現在は3部にいますが、たまに1部や2部のチームと対戦して勝利することもあって、そのときはすごく嬉しいですね。

スターティングメンバーと相川さん（前列右から２人目）

すずかけ台キャンパスの食堂外観

――どんな講義を受けていますか。

「いま一番興味があるのは酵素工学で、酵素の見つけ方や活用法などを学んでいるんですが、酵素は本当にすごいんです。例えば、なにか化学反応を起こそうとするときに、金属触媒を用いると500℃以上に熱する必要があったり、大がかりな施設を必要としたりと、環境への影響やコスト面での問題が生じてしまいます。しかし、酵素は体内で活性を持つことからわかる通り、36℃前後で反応を進めることができるんです。」

――特徴的な講義はありますか。

「1年次に必修だった『バイオクリエイティブデザインⅠ』は、学部生150人が約8人ずつの班に分かれて、小・中・高校生向けの理科に関する教材を作るという講義でした。最終的に科学館の方や小学校の校長先生などを招いて発表会を行い、優秀な作品は表彰されます。

私の班は、糖とたんぱく質の反応によって起こるメイラード反応という反応に着目しました。ホットケーキが小麦色に焼きあがるのは、砂糖の糖と小麦粉や卵のたんぱく質がメイラード反応を起こすからで、砂糖を入れないと白いホットケーキができあがります。それを人間の肌にも応用して、糖分摂取を控えればシミが減るのでは…というものです。自分たちがやりたい研究を突き進めていったら、教材として扱うには少し難しいものができあがってしまいましたが、産学連携賞という賞をもらうことができました。

また、湿布に使われているサルチル酸メチルや、オレンジⅡという染料を作り出す楽しい実験、反応速度を調べるために何分かおきにデータを記録し続ける大変な実験など、色々な種類の実験も行っています。東京工大にはインコが多数住み着いているので、インコを観察するバードウォッチングも体験しました。」

――今後の目標を教えてください。

「課題を効率よくこなせるようになりたいです。わからないところがあるとそのつど調べてしまい、なかなか先に進まないタイプなので、わかるところからどんどん進めていって、あとでまとめて調べるというふうに、効率よく取り組んでいきたいです。周りにお手本となる友だちがいるので、見習おうと思っています。

東京工大のこの学部にいる強みを活かせる分野で働きたいと思っているので、将来は食品系か化粧品系の会社に就職したいと考えています。」

受験生へのメッセージ

学部内の雰囲気がいい

生命理工学部はほかの学部に比べて明るい学生が多いですし、学部生同士の仲もいいと思います。入学直後に1泊旅行があるので、それで仲よくなりますし、3年生から通うすずかけ台キャンパスは生命理工学部の学生しかいないので、自然と学部生同士が顔見知りになるんです。

得意科目を作ろう

自分には朝型が合っていましたが、夜型の人もいると思うので、自分に合った勉強法を見つけるのが大事だと思います。

また、なにか1つでいいので、好きな科目を作ってみてください。じつは中学生時代は勉強が苦手で、成績もよくありませんでした。でも数学のおもしろさに気づいてから、友だちにも教えられるほど得意になり、他科目が足を引っぱっても数学がカバーしてくれるようになりました。自分はできているつもりでも、いざ教えようとするとうまく説明できないときに理解が不十分だと気づけたりするので、人に教えることは自分の勉強にもなります。苦手科目の克服ももちろん重要ですが、得意科目を伸ばすのも大きな武器になると思うので、ストロングポイントをどんどん強くしていってください。

サクニュー！ ニュースを入手しろ!!

SUCCESS News

産経新聞編集委員 大野敏明

今月のキーワード
ドローン

遠隔操作で動かす小型無人飛行機、ドローンが注目を集めています。首相官邸の屋上で見つかったり、ご開帳の最中の長野の善光寺で墜落するなど、人々を驚かせるだけでなく、犯罪に利用される恐れもあるからです。ドローンはGPS（全地球測位システム）機能を搭載し、無線で操縦する小型飛行機の総称で、首相官邸や善光寺のドローンは、マルチコプターと呼ばれる４つのプロペラのついたものです。ドローンの名称はハチなどの羽音から来ています。

従来、ラジオコントロールで飛行する、いわゆるラジコン飛行機がありましたが、ドローンは高速性、耐久性、スピードなどこれまでのものとは性能がまったく違います。センサーやコンピュータを内蔵し、姿勢、速度、方向を自分で制御できるようになっています。カメラ、ビデオの搭載も可能です。

本来は偵察、攻撃などの軍事用に開発されたもので、ミサイルを搭載できるものもあり、一種のロボット兵器ともいえます。

民間では、人間が立ち入ることのできない災害現場の状況確認、離島などの遠隔地や危険地帯への物資の輸送、警備状況や建設現場などの上空からの監視、さらには倉庫内での物流など、幅広い用途が考えられており、物流革命を起こすとまで言われています。

問題も少なくありません。小型のものなら数千円から購入できます。操縦も難しくないため、首相官邸や善光寺のような問題がこれからも起きる可能性があります。盗撮などによるプライバシーの侵害、GPSの電波が届かないところや強風、電池切れなどによる墜落で、人や建物に危害を与える可能性も指摘されています。さらには、テロに利用されたりする危険性も考えられます。

⬆PHOTO
国際ドローン展で展示された小型無人機「ドローン」（2015年５月20日千葉市幕張メッセ）写真：時事

しかし、国内にはドローンそのものを規制する法律はありません。現行の航空法では「模型飛行機」と同じ扱いで、高度250m以下なら規制はありません。こうしたこともあって、政府や各自治体は法や条例による規制を検討しており、皇居や政府機関などの周辺や公園など人の多く集まる場所での飛行を禁止することにしています。

その一方で、民間ではドローンによる新たなビジネスへの期待が大きく、向こう５年間で市場規模は10倍にふくらむと予想されています。こうしたことから、ビジネスと規制のバランスをどうとるのかが大きな課題といえます。

「キツネ」にちなむ慣用句

今回はキツネにちなむ慣用句についてみてみよう。

「狐につままれる」は思わぬ出来事にぼんやりしてしまうことだ。

古来、キツネやタヌキは人を化かす動物と考えられていて、思わぬことはキツネの仕業と考えられたりもしたんだ。

「狐の嫁入り」は天気雨のこと。天気なのに雨が降るのはキツネの仕業だと考えられたんだ。

また、夜間に怪しい灯りなどがあると、キツネが嫁入りするための行列のたいまつと考えたりもした。こうした灯りは「狐火」とも言われた。

似たような言葉に「狐日和」がある。これは、晴れたと思ったら雨になり、雨だと思ったら晴れるといった変化の激しい天気のことを言うんだ。やはり、キツネの仕業と考えられたんだね。

「虎の威を借る狐」は中国の故事から出た言葉で、権力のある人に取り入って、自分も権力のあるように装って威張る小者のことだ。

昔、トラがキツネを食べようとしたら、キツネが「私は天から使わされた者だ。私を食べたら祟る。ウソだと思ったらついて来い」と言った。トラがキツネについて行くと、周囲の動物がみな逃げたため、トラはキツネの言うことを信じてしまった。動物たちは、じつはキツネではなくその後ろのトラが怖くて逃げたのだった。

「キツネ顔」は顔が長くて目の細い顔を言う。「醤油顔」に近いかな。逆に顔が丸く目が大きいと「タヌキ顔」と言うこともあるね。

「キツネうどん」は油揚げが入っているうどんのことだね。油揚げの色がキツネの体毛の色に似ていることから言うんだ。

「九尾の狐」は「九尾狐」とも言い、中国の神話上の動物だ。その名の通り、9本のしっぽを持ち、さまざまな悪行をなすとされているけど、場合によっては幸福をもたらすこともあるとされる。また、絶世の美人に変化することもあるとされるんだ。

「狐拳」はキツネ、猟師、庄屋の3つによるじゃんけんぽんと同じ遊びだ。キツネは猟師に撃たれ、猟師は庄屋に頭があがらず、庄屋はキツネに化かされる、という三すくみからきているんだ。

ミステリーハンターQの
歴男歴女養成講座
ミステリーハンターQ（略してMQ）
米テキサス州出身。某有名エジプト学者の弟子。1980年代より気鋭の考古学者として注目されつつあるが本名はだれも知らない。日本の歴史について探る画期的な著書『歴史を掘る』の発刊準備を進めている。
春日 静
中学1年生。カバンのなかにはつねに、読みかけの歴史小説が入っている根っからの歴女。あこがれは坂本龍馬。特技は年号の暗記のための語呂合わせを作ること。好きな芸能人は福山雅治。
山本 勇
中学3年生。幼稚園のころにテレビの大河ドラマを見て、歴史にはまる。将来は大河ドラマに出たいと思っている。あこがれは織田信長。最近のマイブームは仏像鑑賞。好きな芸能人はみうらじゅん。

東山文化

室町時代のもう1つの文化、東山文化について学ぼう。戦乱の世にありながら、日本人特有の美意識を築いた文化だ。

MQ 前回は室町時代の2大文化の1つ、北山文化について勉強したね。今回はもう1つの東山文化について考えてみよう。

勇 東山文化って、時代はいつなの？

MQ 15世紀後半の室町時代の文化だ。

静 東山ってどこのこと？

MQ 現在の京都市左京区にあった東山山荘のことだね。東山山荘を所有していた室町幕府第8代将軍、足利義政が1483年、金閣寺にならって、そこに銀閣寺を建てたんだ。そこからついた名前だ。

勇 金閣寺を建てたのは第3代将軍の足利義満だったよね。義政と義満の関係は？

MQ 義政は義満の孫にあたる。

静 なんで銀閣寺を建てたの？

MQ 正式には慈照寺（じしょうじ）という。1467年に起こった応仁の乱を避けて隠遁（いんとん）するために建てたんだ。二層の楼閣（ろうかく）で、下層は書院造（しょいんづくり）、上層は禅宗様（ぜんしゅうよう）（唐様）建築で、庭園とも調和して、世界遺産にも指定されている。

勇 書院造ってなに？

MQ 室町時代に成立した建築様式で、禅寺の様式の影響を受けている。床の間が設けられたり、畳が敷かれたりして、その後の武家の住宅に取り入れられ、江戸時代から現代にいたる日本の住宅の原点とも言われているんだ。

静 北山文化とはなにが違うの？

MQ 東山文化は、北山文化がさらに発展した形だね。明の影響を受け、幽玄さ、枯淡（こたん）といった感覚が浸透していった。枯山水（かれさんすい）などに代表されるわび、さびといった日本人特有の淡泊、簡素を尊ぶ美意識が発展していくんだ。

勇 それ以外にはどんな特徴があるの？

MQ 雪舟の水墨画に大和絵を加味した狩野派が成立し、金春流（こんぱるりゅう）などの祖となる能や狂言、さらには飯尾宗祇（いいおそうぎ）や山崎宗鑑（やまざきそうかん）らに代表される連歌（れんが）が盛んになるのもこの時代からで、のちに連歌から俳句が生まれるんだ。

静 なんだかのどかな感じね。

MQ そうではないんだ。現実の世界では応仁の乱によって、京都は焼け野原となった。応仁の乱自体は1477年に収束するけど、各地では小規模な争いが絶えず、下剋上の風潮がまん延し、やがて群雄割拠と呼ばれる時代を迎え、戦国時代へと突き進んでいく。東山文化は戦乱に嫌気がさした義政が生み出した文化とも言えるね。

東山慈照寺
銀閣
青磁茶碗「馬蝗絆（ばこうはん）」

Wings and Compass

未来に翔く翼とコンパス

学校説明会※

8/ 1 (土)　10:00～11:30
8/ 9 (日)　14:00～15:30

9/20 (日)　11/ 7 (土)
10/10 (土)　11/14 (土)
10/17 (土)　11/22 (日)
10/31 (土)　12/ 5 (土)
全て14:00～15:30

※ 全体会1時間半（予定）、その後に校内見学・個別相談を受付番号順に行います。

特待入試解説会

11/29 (日) 13:00～17:00
東京国際フォーラムHALL B7（有楽町）

個別相談会

12/27 (日)　9:00～15:00

クラブ体験会

男子サッカー部
10/17 (土)　16:30～18:00

野球部
8/ 8 (土)　15:00～16:30
10/10 (土)　16:30～18:00
11/ 7 (土)　16:30～18:00

- すべて予約制です。
- 本校 Web　http://www.sakuragaoka.ac.jp/ よりお申し込みください。
- 上履きは必要ありません。
- 車での来校はご遠慮ください。

桜丘中学・高等学校　共通行事
桜華祭　9/27(日)9:00～15:00 本校
- 予約は不要です。

桜丘高等学校

〒114-8554 東京都北区滝野川1-51-12　tel：03-3910-6161
http://www.sakuragaoka.ac.jp/
mail：info@sakuragaoka.ac.jp
@sakuragaokajshs
http://www.facebook.com/sakuragaokajshs

・JR京浜東北線・東京メトロ南北線「王子」下車徒歩7～8分
・都営地下鉄三田線「西巣鴨」下車徒歩8分
・都電荒川線「滝野川一丁目」下車徒歩1分
・「池袋」駅から都バス10分「滝野川二丁目」下車徒歩2分
・北区コミュニティバス「飛鳥山公園」下車徒歩5分

病弱でも才気あふれる旗本が物語にまつわる謎を解決

◆『けさくしゃ』
作／畠中恵
刊行／新潮社
価格／750円＋税

今月の1冊『けさくしゃ』

江戸時代後期の江戸の町に、高屋彦四郎知久という武士がいた。階級は低かったけれど、食うには困らない程度の収入はあり、武士の割に身体は強くなかったけれど、芸術方面で才能があったという。彼はのちに戯作者（いまでいう小説家）となり、一躍売れっ子になった。

でも、「高屋彦四郎知久」なんていう名前には全然見覚えがないよね。歴史の教科書にも載っていない。では、この名前ならどうだろう。

柳亭種彦。

聞いたことがある人もいるんじゃないかな。代表作は『修紫田舎源氏』で、13年にもわたってシリーズを刊行し続けたが、時の老中・水野忠邦による天保の改革時におとがめを受けて断筆。間もなく60歳で没した。

この柳亭種彦を主人公にした小説が『けさくしゃ』だ。病弱だけど、ハンサムで趣味人で、奥さんの勝子に首ったけ。立派な武士のはずなのに、歌の仲間からは「彦さん」なんて気軽に呼ばれている。

そんな彦さんは、一応200俵取りのれっきとした旗本だ。でも出世にはまるで興味がなく、仕事もあんまりやる気がない。

ある日、彼のもとに商人・山青堂の主人がやってくる。一度狂歌の集まりで会っただけの山青堂がどうして自分に会いに来るのか。不思議に思う彦さんに、山青堂は意外なひと言を口にする。

「戯作者になりませんか？」と。

当時、本を書くということは、時に幕府から罰がくだることもあり、ましてや彦さんは旗本で、おいそれとは手を出せない。当然乗り気ではない彼と、それでもしつこくつきまとう山青堂のもとに舞い込んでくる、戯作にまつわる不思議な事件、相談。なりゆきで解決に乗り出すことになった彦さんの活躍が描かれているこの小説は、内容はもちろん、当時の江戸の雰囲気なども知ることができる。

作者の畠中恵は、『しゃばけ』シリーズでも知られている小説家。こちらも舞台は江戸で、読みやすい。おすすめの小説だ。

サクセスシネマ

SUCCESS CINEMA

忘れられない夏

君が躍る、夏

2010年／日本
監督:香月秀之

『君が踊る、夏』
DVD発売中
4,700円+税
発売元:東映ビデオ
販売元:東映

難病を患う少女がよさこいに挑む

高知県の「よさこい祭り」は、華やかな衣装、工夫をこらした振り付けでよさこいを踊る盛大な夏のお祭りです。そんなよさこいを踊りたいという少女・さくらの想いを描いた物語です。

さくらは医者から余命５年を宣告されるほどの重い病気を患っています。闘病を続け、発病から５年目の夏を迎えたある日、さくらは姉の香織に「よさこいを踊りたい」と願い出るのです。香織はさくらの願いをかなえようと、いっしょにチームを組んでくれるメンバーを集めます。チーム名は「いちむじん」、土佐弁で「一生懸命」という意味です。真夏の太陽の下、さくらは必死で踊りの練習を重ねます。はたして少女の夢はかなうのでしょうか。

迫力あるよさこい踊りは圧巻。その力強さが、懸命に生きようとする少女の逞(たくま)しさとマッチして感動を誘います。チーム名の通り、さくら、そしてさくらの夢に協力するほかのメンバーの熱い想いがストレートに伝わってきて、一生懸命生きることの大切さを実感します。高知のすばらしい自然も堪能できる作品です。

思い出のマーニー

2014年／日本
監督:米林宏昌

『思い出のマーニー』
Blu-ray発売中
6,800円+税
発売元:ウォルト・ディズニー・スタジオ・ジャパン

あるお屋敷での不思議な物語

イギリスの児童文学を原作としたファンタジーアニメーション。

早くに両親を亡くし、義父母に育てられている少女・杏奈。彼女は周囲の人に心を開くことができず、義父母との関係もあまりうまくいっていませんでした。

ある夏、杏奈は義母の育った海辺の村で夏休みを過ごすことになり、そこで１軒のお屋敷を見つけます。村の人に聞くと、そのお屋敷は空き家で「湿(しめ)っ地(ち)屋敷」と呼ばれているとのこと。興味を惹かれた杏奈が屋敷を訪れると、そこにはマーニーという少女がいました。不思議と杏奈は、マーニーとは自然に友だちになることができます。しかし、湿っ地屋敷には、だれも住んでいないはず…。

自分の殻にこもっていた杏奈が、マーニーと過ごすことで少しずつ明るく笑顔になっていく姿はとてもほほえましいです。しかし、マーニーは突然姿を消したりと不思議な存在でもあります。マーニーはいったいどのような少女なのか、最後まで見ずにはいられません。

ジブリ映画ならではの美しい映像も合わせて楽しみましょう。

旅するジーンズと16歳の夏／トラベリング・パンツ

2005年／アメリカ
監督:ケン・クワピス

『旅するジーンズと16歳の夏／トラベリング・パンツ』
DVD発売中
1,429円+税
発売元:ワーナー・ホーム・ビデオ

仲間との友情を実感する夏休み

みなさんには、喜びも悲しみもすべて分け合えるような友だちがいますか。

この物語の主人公、カルメン、ブリジット、レーナ、ティビーは、同い年の幼なじみで大の仲良し。まるで家族のようにいつもいっしょにいました。そんな４人がサッカーの合宿や祖父母の家に行ったりと、初めて別々に過ごすことになった16歳の夏休みが描かれています。

別れの前に彼女たちは、体型の違う４人のだれもにフィットする不思議なジーンズを購入します。彼女たちは友情の証として、夏休みの間、このジーンズを順番に履き、１週間履いたら手紙を添えて次の人へ送る約束をします。どんな出来事が４人を待っているのでしょう。

親友たちと離れている間に起こる問題に対して、それぞれが１人で悩む姿は、こちらまで寂しくなってしまいます。しかし、そこに仲間とのきずなや、お互いが心の支えであるということを象徴するジーンズがあることで、彼女たちは一歩を踏み出し、ひと回り成長できるのです。仲間がいることのすばらしさを実感できる作品です。

最終回
あたまをよくする健康
ナースでありママであり
いつも元気なFUMIYOが
みなさんを元気にします！
by FUMIYO

今月のテーマ

風邪

ハロー！　Fumiyoです。まずはみなさんにご報告です。突然ですが、今回がこのコラムの最後の回となりました。毎月読んでくださっていたみなさま、ありがとうございました。最後にどんな内容を書こうか悩みましたが、だれにとっても身近である風邪について考えてみることにしました。

咳が出始めたとき、鼻水が止まらなくなったとき、熱が出たときなど、「風邪をひいたかな…」と思い、風邪薬を飲みますよね。でも風邪がどんなものなのか、みなさんはきちんと知っていますか？

風邪は、のど、鼻、気管支などの上気道に起きた炎症の病気の総称です。一般的には感染性の上気道炎のことを言い、風邪症候群とも呼ばれています。

風邪を引き起こす原因の８～９割はウイルス感染と言われています。代表的なウイルスとしては、以下のようなものがあります。

- **ライノウイルス**…風邪の原因の約３～４割を占めるウイルス。おもに鼻風邪を引き起こします。
- **コロナウイルス**…鼻やのどに炎症を引き起こします。
- **エンテロウイルス**…夏にひく、下痢などお腹の症状を伴う風邪はこのウイルスが原因です。
- **アデノウイルス**…軽い症状から、気管支炎や扁桃腺炎など、重い症状も引き起こします。
- **RSウイルス**…とくに冬に流行します。子どもが感染すると重い肺炎を起こす恐れがあります。

これらのウイルスに感染すると、くしゃみや咳、鼻水などの反応が身体に起こります。こうした反応は、体内に入ったウイルスを外に出して、身体を治そうとする生体防御反応と言います。そのほかにも、鼻づまりやのどの痛みなどの炎症反応はウイルスと戦っている証拠ですし、発熱は体温調節中枢を刺激して体温をあげることでウイルスを殺そうとしている反応です。色々な症状は、身体を守るためのものだったのですね。

さて、風邪の治療法ですが、症状が軽いときは対症療法をとります。症状に合わせた薬を内服することで、各症状を和らげていくのです。また、しっかりと身体を休め、栄養を十分にとることも大切です。

心身ともに健康なときは、体内にウイルスが入ってきても、生体防御反応が働き、風邪症状と戦うことができます。しかし、疲れがたまっていたり、ストレスが多かったりすると、生体防御反応が十分に働くことができません。ですから、急な発熱が起こった、黄色の鼻水や痰が見られる、ひどい咳が続くなど、症状が重いと感じたときには、早めに病院を受診しましょう。

みなさんも定期試験や高校受験、部活動の試合など、体調を崩しては困る場面がこれからどんどん増えてくると思います。「ここぞ！」というときを、万全の体調で迎えたいですよね。

そのために、普段から栄養バランスのよい食事をとることや、ウイルスを体内に入れないよう手洗いうがいをすることを心がけましょう。さらに、身体と心を休めるリラックスタイムを意識的に取ることも忘れないでください。こうしたことに気をつけて、これからも健康な日々を過ごしてくださいね。（了）

Q1

風邪には別の言い方があります。次のうちどれでしょう。

①感冒　②感風　③感潜

正解は、①の感冒（かんぼう）です。
中国から来た言葉と言われています。「冒」にはおかす・侵害するという意味があります。「感」はウイルスに感染した、もしくは寒気を感じる、という意味で使われているようです。

Q2

インフルエンザはなぜ風邪のなかに含まれないのでしょうか？

①よく知られているから
②重い症状が出ることがあるから
③とくに理由はない

正解は、②の重い症状が出ることがあるからです。
インフルエンザは風邪と同じく上気道の炎症で起こる病気ですが、のどの痛みや咳などの症状のほか、関節痛や筋肉痛などの全身の症状を伴います。高い熱が出る点も特徴です。

なんとなく得した気分になる話

生徒   先生

身の回りにある、知っていると
勉強の役に立つかもしれない知識をお届け!!

職業の誤解

ねえ、先生。なんで先生は先生になったの？子どものころからの夢ってやつ？

まあ、そうだね。

でもなるの大変じゃなかったの？

確かによく勉強したかもなあ…。

採用試験とかあるんでしょ？

もちろん、適性検査もあった。

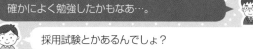

試験は１回で合格したの？

今日は細かいなあ（笑）。

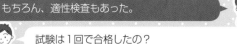

なんかさあ、高校とかは勉強して入るでしょ？大学も。でもね、就職ってどういう勉強するのかなって思ったんだ。

業種にもよるけど、資格とかが必要な仕事もあるよ。

お医者さんとか？

そう、まだまだたくさんある。医者、弁護士、裁判官、建築士、教師…。

結構あるね。全部憧れるなあ。

職種によるけど、みんな国家試験というのを受験してるんだ。

それ難しいの？

これも職種によるけど難しいと考えた方がいいね。ところで、キミは将来なにになりたいの？

やっぱ、医者かなあ…。

なんで医者になりたいの？

お金持ちになれるから！

あまりに単刀直入だな（笑）。もっと人のために役に立ちたいとかないの？

ない！　とにかく、お金持ちになりたい。

お金持ちになって、どうする？

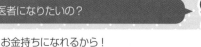

外車に乗って、大きな家に住んで、おいしいものをたくさん食べたい。というか、お金を気にしないでお金をたくさん使いたいんだ。それもだれにも文句を言われないで買いものがしたい。

キミ、珍しく力説したね。ちょっと驚いた。ズバリ、キミの目に映る医者は、そういうイメージなんだね。

うん。でもね、先生もいいかなって。

じゃあ、今度はどうして先生もいいと思うんだい？

頭よさそうじゃん。それに、生徒を怒れる。なかなか怒れる仕事ってないと思うんだよね。お金もらってストレス発散できるってすごくない？

コラコラ、生徒を怒るときはストレス発散ではなく、ストレスを感じる方なんだぞ。

そうは見えない…。

しかし、キミは大きな間違いをしている。仕事とはお金をもらうことだ。だから、お金持ちになりたくて医者になったり、日ごろのストレスを発散するために教師になるのではないんだ。すべて、その業種のプロなんだ。

その業種のプロ？

そうだと思わないか？　だれにでもできる仕事ではないんだ。例えば、医者なら失敗は許されない。もちろん、教師も同じだ。生徒に間違ったことを教えるわけにはいかない。教師は間違わないという使命を担ってるんだ。

でも、先生、よく計算間違いするよ。

…まあね。

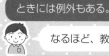

さっきと話が違う気がする。

ときには例外もある。

なるほど、教師は言い訳のプロだね！

コラッ！

ホラ、嫌なこと言われてストレス発散に怒ってるし。

キミは人を怒らせるプロだな。

そういう仕事ないかな??　人を怒らせる仕事。

キミ、重症だな…。

大学受験準備が大変そうなので志望校を変えようか迷っています。

大学附属校ではない私立高校を第1志望に考えています。附属校でない場合、高校に入ったらすぐに大学受験の準備をしなければならないのでしょうか。3年ごとに入試があるのは大変なので、大学附属校も視野に入れるべきですか。

（横浜市・中3・KT）

大学受験の有無だけを理由に志望校を変えるのは得策ではありません。

まだ高校に入る前の段階で、大学受験のことまで考えているのは、それだけ将来をよく考えているということで、とても評価できる姿勢です。しかし、大学受験が大変そうだからといって志望校を考え直そうとするのは、適切ではないと思います。

大学受験は高校受験とは違った厳しさもありますし、「3年ごとに入試がある」と思うと確かに大変だと感じてしまうかもしれませんが、高校生活の3年間は、決して大学受験のためだけのものではありません。部活動や学校行事、そして日々の学習などを通じて経験を積み、さまざまな人々とかかわりながら、自らを成長させていく期間が高校の3年間なのです。

現在、社会に出ている人たちを見ても、高校受験をし、その3年後に大学受験を経験したという人の方が多いはずです。それは、高校生活を充実したものにしつつ、しっかり勉強して大学に進学していった人の方が多いとも言い換えられます。

ですから、受験をせずに大学に進学できることだけをメリットととらえて大学附属校を選択するのは、消極的な進路選択といえるでしょう。まだ先の大学受験を心配しすぎることなく、まずは自分の将来を見つめ直し、どのような勉強をしたいのか、どんな形で社会に出ていきたいのかをよく考えて、それをもとに志望校を選択し、高校受験に臨んでください。

Question & Answer

Success Ranking

都道府県別気温ランキング

ニュースで全国の天気予報を見ると、都道府県ごとに少しずつ温度が違うよね。いったいどこの県が一番気温が高かったり、低かったりするのかな。都道府県別に年間の平均気温、最高気温、最低気温を見てみよう。

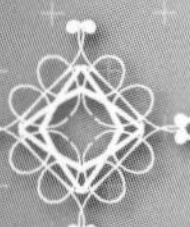

年平均気温

順位	気温（℃）	都道府県
1	**23.3**	沖縄県
2	18.9	鹿児島県
3	17.9	宮崎県
4	17.7	福岡県
5	17.5	長崎県
6	17.3	高知県
7	17.2	静岡県
7	17.2	熊本県
9	17.1	東京都
9	17.1	大阪府
9	17.1	佐賀県
12	17.0	兵庫県
12	17.0	和歌山県
14	16.9	大分県
15	16.8	徳島県
15	16.8	香川県
15	16.8	愛媛県
18	16.6	千葉県
18	16.6	神奈川県
18	16.6	広島県

最高気温

順位	気温（℃）	都道府県
1	**35.3**	山梨県
2	35.1	京都府
3	34.8	大阪府
3	34.8	香川県
5	34.7	鹿児島県
6	34.6	岐阜県
7	34.5	愛知県
7	34.5	福岡県
9	34.2	大分県
10	34.1	岡山県
10	34.1	宮崎県
12	34.0	佐賀県
13	33.9	埼玉県
13	33.9	奈良県
13	33.9	山口県
13	33.9	熊本県
17	33.7	徳島県
18	33.6	鳥取県
18	33.6	広島県
20	33.5	群馬県、ほか3県

最低気温

順位	気温（℃）	都道府県
1	**-8.0**	北海道
2	-7.1	岩手県
3	-4.7	青森県
4	-4.6	山形県
4	-4.6	長野県
6	-3.4	秋田県
6	-3.4	山梨県
8	-2.9	栃木県
9	-2.7	宮城県
10	-2.5	福島県
10	-2.5	茨城県
12	-1.2	埼玉県
12	-1.2	新潟県
14	-1.0	群馬県
15	-0.9	奈良県
16	-0.8	富山県
17	-0.3	岐阜県
18	-0.2	山口県
19	-0.1	福井県
19	-0.1	岡山県

※「統計でみる都道府県のすがた　2015」（総務省統計局）（http://www.e-stat.go.jp/SG1/estat/List.do?bid=000001056525&cycode=0）を基に作成
※最高気温（最低気温）は、1日の最高気温（最低気温）から月の平均気温を求め、1年間で最も高い（低い）月の気温を掲載

受験情報

東京

2016年度都立高校入試は2月24日

東京都立高校の2016年度入試日程が発表された。

■推薦に基づく選抜

◇入学願書受付日

2016年1月21日(木)

◇入学者選抜実施日

1月26日(火)、27日(水)

◇合格発表

2月2日(火)

※都立国際のバカロレアコースも同様日程。ただし、入学願書受付日は1月21(木)、22日(金)。

■学力検査に基づく選抜

◇入学願書受付日

2月4日(木)、5日(金)

◇学力検査

2月24日(水)

◇合格発表

3月2日(水)

※学力検査では全校でマークシート方式を採用する。採点ミス撲滅のため、2015年度はモデル20校でマークシート方式を実施したがおおむね良好な結果が得られたとしている。

千葉

千葉県公立高校入試の前期選抜枠一部拡大

千葉県公立高校の2016年度入試日程は、5月号ですでに以下のようにお知らせしている。

前期選抜学力検査は2月9日(火)、10日(水)、後期選抜学力検査は2月29日(月)。

このほど千葉県教育委員会は、前期選抜等の選抜枠を変更することを決め、発表した。

専門学科および総合学科の選抜枠を50%以上100%以内に(現行は50%以上80%以内)、地域連携アクティブスクールの一期選抜枠を60%以上100%以内(現行は60%以上80%以内)に一部拡大する。

これらの学科については、前期選抜により募集定員が満たされた場合その後の選抜は実施しない。

15歳の考現学

新大学入試制度実施は6年後だが そこへの流れが急となっている

森上（もりがみ） 展安（のぶやす）

森上教育研究所所長。1953年、岡山県生まれ。早稲田大学卒業。進学塾経営などを経て、1987年に「森上教育研究所」を設立。「受験」をキーワードに幅広く教育問題を扱う。近著に『教育時論』（英潮社）や『入りやすくてお得な学校』『中学受験図鑑』（ともにダイヤモンド社）などがある。教育相談、講演会も実施している。
HP：http://www.morigami.co.jp
Email：morigami@pp.iij4u.or.jp

上智大と立教大が打ち出した新機軸

新大学入試「逃げ切り世代」と考えられているのが、いまの中3生です。中2生は現役で大学進学できなければ、一浪で新大学入試制度にひっかかってしまうのでグレーゾーンです。

中3生といえども、まったく無関係でいられるかどうか。すでに上智大は、今春の入試からTEAP（アカデミック英語能力判定試験）利用型入試という入試形態を取り入れ、2016年度（平成28年度）入試からは、さらに一歩踏み込み、英語4技能の基準スコアを設けて、各学科を受験させる形を採用します。

その特徴は英語の入試を課さず、外部試験であるTEAPのスコアを利用するというものです。

また、立教大は全学部「グローバル方式」入試を2016年度入試から取り入れると公表しています。これも外部試験を活用して、筆記試験は英語以外の2教科を課す、というもので、上智大がTEAP一本であるのに対して立教大は他の外部試験でもOKとしているところに違いがあります。いずれも現中1生からの新大学入試制度を先取りするものになっています。

両大学の新しい入試は現高3生からの話ですから、「逃げ切り」どころか中3生も中2生も、新大学入試制度を先取りした私大入試の変革の波にのみ込まれざるをえないということです。

こうなると高校入試にあっても、この流れを自校の入試に活かそうとする高校も出てくるかもしれません。仮に高校入試ではそうはならなかったとしても、いずれいやおうなく大学入試で英語4技能を試されることは、もう自明の感じです。

英語の習得方法が変わってきている

いま高校入試では英語入試は必須です。しかし、いずれも読む、書く、のペーパーの世界ですので、大学が取り組む新しい入試とは相当隔たりがあります。

さて、話す、聞く、というトレーニングは高校入試を間近に控えた中3生よりも、高校入試まで十分余裕のある中1、中2生の方が力をつけやすいに違いありません。

ただ語学の場合、なんといっても習うより慣れろという通り、1日何時間も英語を話す環境にいるのが効果的ですが、そういった英語環境はなかなか得難いことも事実です。

とくに男子は、中学校では部活動に時間を取られ、両立はきわめて難しくなります。学校の授業で英語漬けにしてくれればよいのですが、それは期待しにくいですね。

ですから、チャンスは長期休暇中にあります。その期間にサマーキャンプなどで集中トレーニングすること、それが現実的です。

高校現場からの声を聞くと、高校に入学してきた生徒のうち、すでに相当英語に堪能な子が多くなってきた、といいます。

つまり、サマースクールであるかどうかはともかく、ご家庭で英語を聞く力、話す力を磨いている例が多くなっているということですね。

大学入試制度改革というのは、すぐに変わるものではない、と考えられていた面もありましたが、上智大、立教大の、年度なかばでの異例の転換、その説明会にあふれるような参加者がいる、というのも人々の関心の高さを表しています。

つまり、案ずるよりも産むが易しで、生徒、ご家庭の方が、英語4技能対策について、十分に反応している、ということかもしれません。

実際、**明星**（東京）で「多読多聴」を積極的に進めている鬼丸晴美先生のお話では、「多読多聴の図書館での授業を受けたい」と入学してきた英語のレベルの高い高入生がいる、とのこと。こうなってくれれば、好循環が起きて、学校の授業が変わる、生徒もそれを期待して入学してくるという、よい形になります。

その明星の多読多聴授業はユニークなもので、アメリカの教科書や、オックスフォード・リーディング・ツリー（ORT）を多読多聴するのです。

なかでもアメリカの教科書はE－BOOKなので、簡単にいえば、iPadを使ってテレビを見ている感覚です。これがまた、よく工夫されていて、日本の教科書とはまったく違ってユーモアもあり、見ていて飽きさせません。つまり、多読多聴というより「多視聴」というわけです。

もちろん、学校の授業ですから、聞きっぱなしということではありません。確かに、こんな授業を毎週やっているのと、やっていないのとでは大きな開きが出てくるでしょう。

つまり、中高でも先進的なところは、このように語学教育改革に走っているのですから、日本の私大も入り口の改革をする以上、入学後の講義形態についても改革を同時に進めねばなりません。大学は大学で大変です。

大学入試の英語は「資格」が問われる形に

ならば、大学が変わっていく以上、高校入試も新大学入試制度生が入学する3年後を待たずに同様な外部試験利用を始めてもよいように思いますが、いまのところ、そういった動きは聞いていません。

ただ、そうなろうがなるまいが、英語は入試というより資格という理解になります。入試といえば、相手より1点でもよければよい、という世界でしたが、資格となると自己との戦いです。自習用教材やレッスンはちまたにたくさんあって、学校でなければ習えないものではありません。

英語学習で大切なことは、この自発性、内発的動機にあるといえます。

ほかの科目はいまだに入試、すなわちほかの人より1点でも高ければよい、ということですから集団のなかの位置がモノをいいます。学力水準に合わせて学習集団を選ぶことが入試の意味となります。

ある学校の入試に合格できなければ、下位ランクの学校に行かざるをえないので頑張る、という外圧ー外発的動機での学習になりがちです。

本来、学習は内発的動機づけがないと伸びない、というのが教育学上の定説ですが、英語だけは、入試ゆえに外発的な動機になりがちな他教科と違い、このくびきから脱して、自らの発意と意思で達成できるというわけです。

これは大きな変化ではないでしょうか。とくに海外に出た経験があって、語学に自信のある人はもちろん、そうでなくともモチベーションを工夫すれば、語学はいわゆる偏差値の序列から離れ、自由に高いレベルまで修得できるものです。

そうして英語を突破口にして、むしろ他教科に興味関心を伸ばしてはどうか、というのが筆者のささやかな提案です。英語で、英語以外の教科を学ぶことで、日本語で学ぶやり方とは違って、少なくとも教科への取り組みが、自発的になるのではないか、と期待しています。

ともかく、英語の扉は開かれそうです。偏差値なんか気にせず、伸び伸びと英語に取り組みませんか。

神奈川県私立高校 2016年度入試への動き

2013年度入試で公立高校入試が大きな変貌を遂げた神奈川県では、各私立高校も対応策として入試システムを変えてきました。2年を経たいま、神奈川私立高校入試はどのように変わってきているのでしょうか。2015年度入試の結果を見ながら来春の2016年度入試への動きを追ってみましょう。

神奈川では私立高校志望者が増加傾向

まず、2015年度の神奈川県私立高校入試の状況を、振り返ってみましょう。

神奈川県から発表された神奈川県内私立高校の中間応募状況によると、志願者数は4万4280人で倍率は5・32倍、その前年の2014年度は3万8213人、4・88倍でしたので、大幅な増加です。

この集計の実施日が、前年度の1月29日より1日遅かったこと、集計校数が前年度より4校多いことも、その要因としてあげられますが、それを差し引いたとしても、私立高校志望者は増加しています。

書類選考型入試が公立受検にも影響している

その最も大きな要因となっているのが、書類選考型入試実施校の増加です。

書類選考型入試とは、学力検査も面接も行わずに、中学校の調査書など出願時に提出する書類のみで選考する入試システムのことです。

2015年度は、昨年の実施校に加えて、**桐蔭学園**、**横浜創学館**、**湘南学院**、**緑ヶ丘女子**、**相模女子大**、**麻布大学附属**の6校が、新たに書類選考型入試を導入しました。

これらの入試への志望者動向を新教育研究協会調べの数字を元に追ってみると、6校のうち湘南学院は書類選考と一般の志願者の内訳を発表していませんので加算できませんでしたが、残りの5校に合わせて2100人の志願者が集まりました。

じつは、この2100人のうち、1300人は桐蔭学園が1校で集めた志望者です。

このように書類選考型入試を導入したからといって、その導入校すべてが志望者の大幅増加を望めるわけではないのですが、全体で増加傾向になっていることは間違いなく、前年度までに書類選考型入試を導入済みの学校でも、**鶴見大附属**、**北鎌倉女子学園**、**横須賀学院**、**藤嶺学園藤沢**で志望者が増加しています。

さらに、**鎌倉学園**、藤嶺学園藤沢、北鎌倉女子学園、**横浜**、**武相**、**藤沢翔陵**などでは、公立高校や他の国立、私立高校との併願もできる「併願可能な書類選考」を採用、受けやすいタイプの入試が増えています。

もう1つの大きな影響として見逃せないのが、この書類選考型入試の増加によって、公立高校へのチャレンジ志向が強められていることです。

従来は、公立高校と私立高校を併願する場合、私立高校の合格をほぼ確約されてから公立高校を受検する形でした。しかし、ほぼ確約を受けているとはいっても、入試日がくれば、その私立高校の学力試験は受けなければならず、その私立高校の学力試験のために、一応は過去問対策を進めるなどの勉強が必要でした。

それが書類選考型入試ならば、私立高校の学力試験は受けなくともよく、出願時に書類（調査書とエントリーシートなど）を提出するだけの入試ですから、私立高校の学力試験向けの勉強をやる必要がなくなり、公立高校入試一本に集中できるようになりました。このことが、公立高校でのチャレンジ受検を促す要因になっていると思われます。

私立高校の授業料軽減制度によって、どうしても公立高校に行かなくては家庭の事情が許さない、といったケースも減ってきています。

レベルの高い公立高校にチャレンジして、もしだめだったときには私立高校に行けばいい、という受験スタイルがめだつようになっているわけです。

２０１５年度入試での書類選考型入試の実施校は20校程度に増えましたが、来春の２０１６年度入試でも、この書類選考型の入試を導入する学校は増えそうです。

また、公立高校への志望者増、チャレンジ増の影響で、私立高校の推薦入試志願者が減る傾向にあります。

もともと神奈川県の私立高校入試では、推薦入試の志願者が定員の数に達する学校が少ないのが特徴でした。定員の半数にも満たない学校も多数あります。この1、2年に強まっている公立高校志向によって推薦志願者が減っているものと思われます。

公私2校受験から公私私3校受験への流れに

神奈川県の公立高校入試は、学区撤廃、入試制度の相次ぐ改訂などによって大きく変化してきました。

そして、従来なら神奈川県の高校受験の基本パターンであった公私2校受験が崩れ、公私私3校受験へと変わってきています。

つまり公立高校を第1志望とし、併願として私立高校をもう1校受験する2校受験パターンから、公立高校1校と私立高校1校、さらにチャレンジ私立高校をもう1校受験する、3校受験パターンです。

２０１５年度入試では、このパターンの広がりが、さらに感じられました。その背景には、前述した公立上位校へのチャレンジ受験の傾向が色濃くなってきたことがあります。

従来の前期・後期入試が改められ、公立高校入試が1回のみの入試となったため、公立トップ校や上位校で、入試当日の学力勝負の色合いが強くなったことが大きな要因だというわけです。

従来の後期選抜では、公立上位校の多くが、入試当日の学力検査を重視する比率を採用していました。この流れは一本化された新入試制度でも、難関校、上位校で当然のように継続されています。

公立上位校へのチャレンジ受検が広がるにつれて、「公立高校が不合格になったとき、併願の私立高校に進学するのではやや物足りない。私立高校のうち、上位校をもう1校チャレンジ受験してみよう」という受験生が多くなっているのです。

ここで確認ですが、1つの私立高校で併願確約をとっていた場合、別の私立高校を受験してもかまわないのが神奈川県の制度です。

オープン型入試で学力一本勝負の傾向も

3校受験志向を、さらに後押ししているのが、神奈川県の独特な私立高校入試制度「オープン型の入試」です。これは、調査書の内申点や事前相談はなく、入試当日の学力試験成績のみで合否が決まる方式です。

慶應系、早稲田系、ＭＡＲＣＨ附属校、桐光学園、日本女子大附属などの難関私立高校に加え、最近では、事前確約型の私立のなかでも、オープン入試として「入試実力判定」の枠を、事前確約型のシステムと併用している私立高校が増えています。

オープン型入試を実施する高校では、多くが2月11日以降に入試日を設定しているので、2月10日におさえの私立併願校を受験しておいて、上位校をオープン型入試で狙う、といった受験パターンも増えています。今後も入試当日の学力一本勝負の方向がより強くなりそうです。

なお、来春の２０１６年度から**法政二**が中高同時に共学化することの影響も大きそうです。多機能な新校舎も一部完成。女子向け施設も整備され、教室にはＩＣＴ機器を導入、文化・運動施設も充実しています。

都立高校の「国公立大合格力」はどこまで伸びた？

今春、都立の進学指導重点校から難関大（東京大、京都大、一橋大、東京工大、国公立大医学部医学科）に合格した受験生の合計は359人で、指定以来の最多記録を更新。さらに中高一貫校などから、国公立大への合格件数も増えています。そこで今回は都立の「国公立大学合格力」を調べました。

進学校グループの指定 難関大現役合格が目標

東京都では、大学進学にとくに力を入れる学校を、次の4つのグループに分けて指定しています。

①進学指導重点校（進学重点校）…**日比谷、戸山、西、八王子東、青山、立川、国立**の7校。

②進学指導特別推進校（特進校）…**小山台、駒場、新宿、町田、国分寺、国際**の6校。

③進学指導推進校（推進校）…**三田、豊多摩、竹早、北園、墨田川、小松川、城東、江北、江戸川、日野台、武蔵野北、小金井北、調布北**の13校。

④中高一貫6年制教育校（一貫校）…**＊桜修館、富士、大泉、＊小石川、白鷗、両国、＊南多摩、＊立川国際、武蔵、＊三鷹**の10校（＊は中等教育学校で高校募集は行いません）。

また東京都では、東京大、京都大、一橋大、東京工大および国公立大学医学部医学科を「難関大学」と位置づけ、これらの大学に合格することを、都立の進学校の目標に掲げています。

このため、①の進学重点校は難関大学の現役合格をめざす学校として、②の特進校は、「難関大学を中心とした進学実績の向上を目指す学校」として、③の推進校は、「国公立大学及び難関私立大学への進学を目指す取組を強化する学校」として、毎年、その成果を評価されています。

また、④の中高一貫校も「進学指

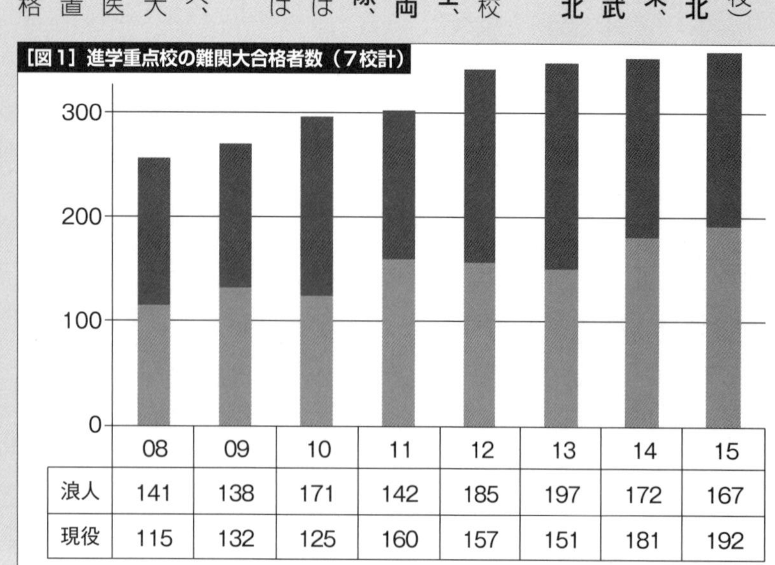

［図1］進学重点校の難関大合格者数（7校計）

	08	09	10	11	12	13	14	15
浪人	141	138	171	142	185	197	172	167
現役	115	132	125	160	157	151	181	192

導重点校等と同様に、組織的・計画的な進学指導を推進することができるよう都で支援する」としています。

1校平均50人以上合格 最上位でトップ争い

【図1】は、進学重点校の「難関大学」合格者の2008年からの推移を示しています（棒グラフ下段が現役、上段が浪人の合格者数）。

7校計の合格者数は、7年前の2008年と比べて、現浪計で、256人から359人に、100人以上増えました。とくに現役は115人から192人に80人近く増え、約1・7倍に伸びています。

今年の場合、平均すると、進学重点校1校あたり50人以上の「難関大学」合格者（現浪計。現役だけなら約27人）を生んでいることになります。

【図2】は、7校の最近4年間の難関大学合格者数（現役のみ）です。左寄りの3校、日比谷、西、国立が、重点7校の合格者の3分の2以上を占め、全体をリードする形が見えます。

現役の合格者数は、3年前は、国立が42人で最多、西は35人、日比谷は28人で3番手でした。

［図2］進学重点校の難関大学現役合格者数（現役のみ）

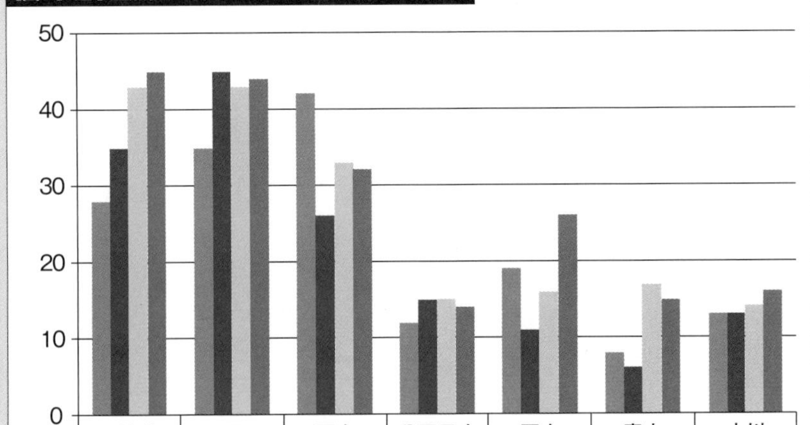

	日比谷	西	国立	八王子東	戸山	青山	立川
12	28	35	42	12	19	8	13
13	35	45	26	15	11	6	13
14	43	43	33	15	16	17	14
15	45	44	32	14	26	15	16

［表1］ 2015年度 進学重点校の「難関大学」合格者数（カッコ内は現役）

学校名	難関大学合計	東大	一橋大	東工大	京大	国公立大医学部
日比谷	82（45）	37（19）	14（10）	9（6）	4（3）	18（7）
西	88（44）	22（15）	14（9）	18（11）	16（3）	18（6）
国立	67（32）	20（7）	18（11）	11（8）	11（4）	7（2）
八王子東	30（14）	7（4）	6（3）	9（6）	5（1）	3（0）
戸山	40（26）	11（7）	14（10）	5（4）	3（3）	7（2）
青山	25（15）	6（3）	5（5）	10（6）	2（1）	2（0）
立川	27（16）	4（2）	9（7）	9（5）	3（1）	2（1）

2年前、西が45人に伸ばし、日比谷も35人に増やしました。一方、国立は26人にダウン。昨年は、日比谷と西が43人で並び、国立は33人まで回復しました。

今年は、日比谷が45人で、44人の西を抑えトップに立ちました。国立は32人で、上位2校とやや水をあけられてきました。

戸山、青山の躍進は組織的な取り組みが奏功

今年、合格者数を最も伸ばしたのは、戸山でした。昨年→今年で、現役の難関大合格者が、16人→26人と

【図3】進学重点校の過去８年間の難関大学合格者数

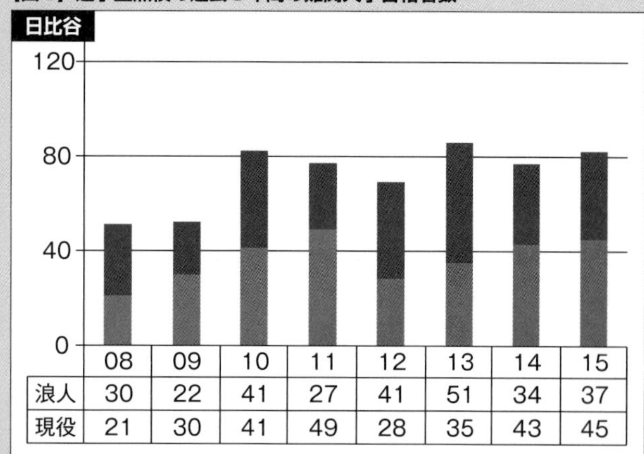

	08	09	10	11	12	13	14	15
浪人	30	22	41	27	41	51	34	37
現役	21	30	41	49	28	35	43	45

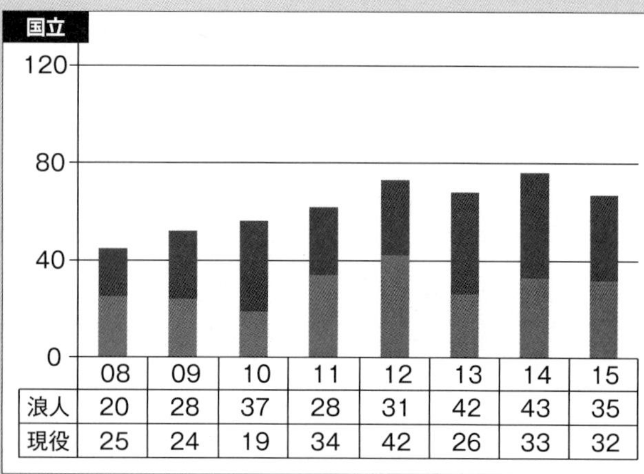

	08	09	10	11	12	13	14	15
浪人	20	28	37	28	31	42	43	35
現役	25	24	19	34	42	26	33	32

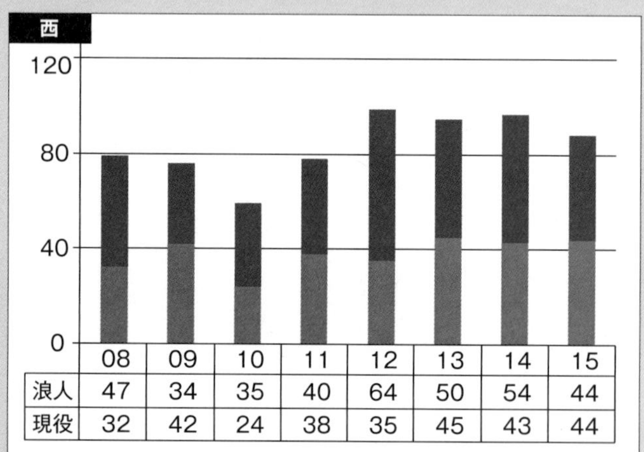

	08	09	10	11	12	13	14	15
浪人	47	34	35	40	64	50	54	44
現役	32	42	24	38	35	45	43	44

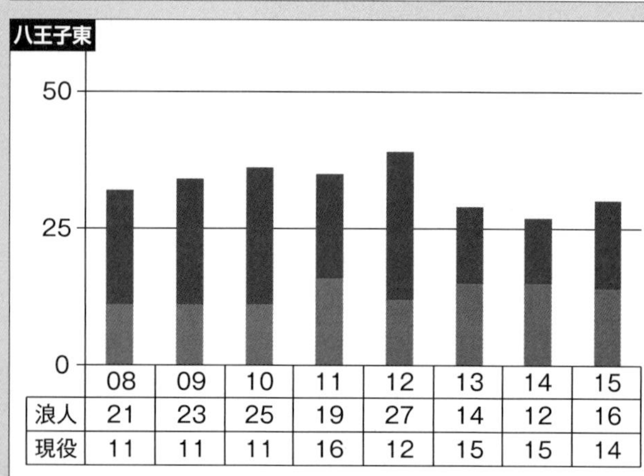

	08	09	10	11	12	13	14	15
浪人	21	23	25	19	27	14	12	16
現役	11	11	11	16	12	15	15	14

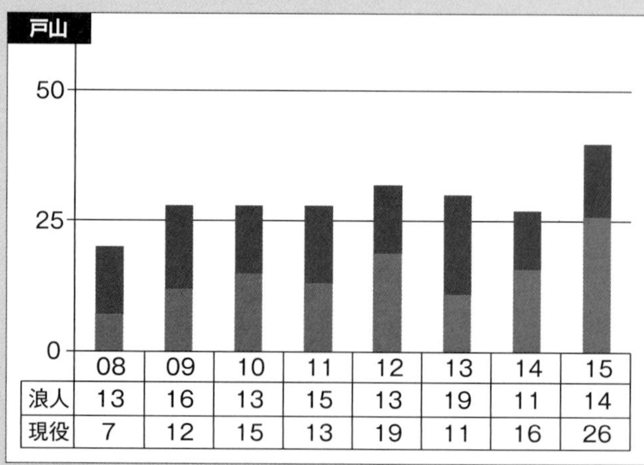

	08	09	10	11	12	13	14	15
浪人	13	16	13	15	13	19	11	14
現役	7	12	15	13	19	11	16	26

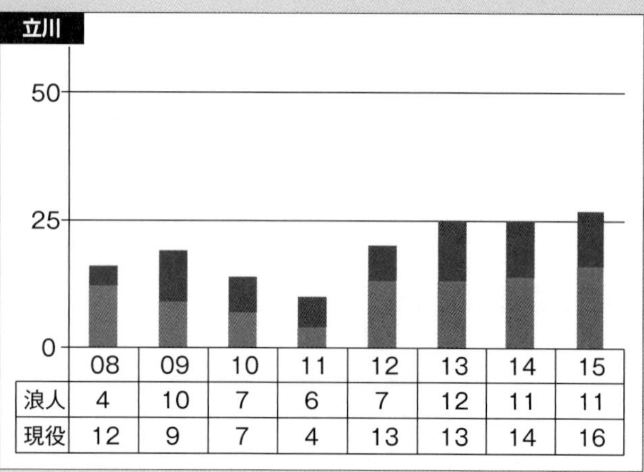

	08	09	10	11	12	13	14	15
浪人	4	10	7	6	7	12	11	11
現役	12	9	7	4	13	13	14	16

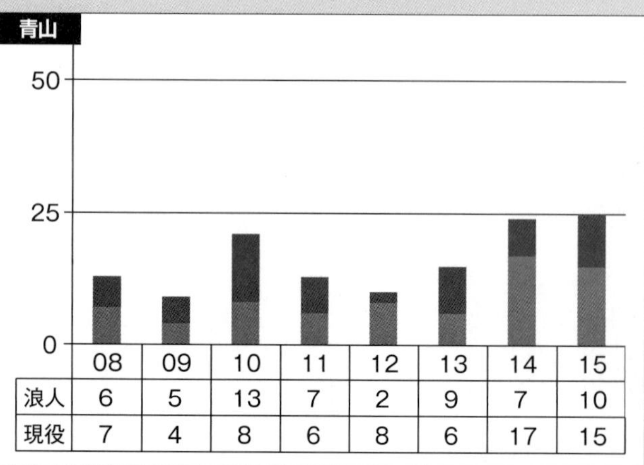

	08	09	10	11	12	13	14	15
浪人	6	5	13	7	2	9	7	10
現役	7	4	8	6	8	6	17	15

大幅に増えています（現浪計では27人↓40人）。

今年は、数学と理科が新課程に移行して初めての入試でした。センター試験の理科の負担が重くなり、国公立大やセンター利用の私大入試が敬遠されましたが、戸山では、まったくその影響がありませんでした。

戸山では、3年前からこれに対応した理数強化のプログラムを組んでいました。多くの生徒が、センター方式で難関私立大学に合格し、気持ちに余裕を持って、国公立大学の入試に臨むことができたそうです。

昨年カド番から劇的なV字回復を実現した青山も、数年前からの組織的な準備が奏功しています。

このように、受験学年の先生だけでなく、進路部が中長期的な展望のもとで、情報を集め、作戦を立て、学年をリードする形が、最近の都立の進学校にはみられます。

特別推進校や中高一貫校も伸びる

難関大への現浪計合格者数では、特別推進校や中高一貫校の伸びもめだつようになりました【図4・5】。

昨年↓今年では、武蔵…17人↓31人（現役23人）、小石川…20人↓20人、桜修館…11人↓13人、両国…9人↓12人、小山台…6人↓9人などが健闘しています（小石川は高校からの募集がありません）。

国公立大学への合格者数（現浪計）では、特別推進校が小山台…95人↓94人、駒場…64人↓66人、新宿…91人↓107人、町田…61人↓40人、国分寺…117人↓119人、国際…16人↓19人と、多くの学校で増加しました。1校平均の合格者数は74人にのぼります。

中高一貫校では、桜修館…46人↓54人、両国…68人↓78人、武蔵…74人↓90人、富士…20人↓32人、大泉…27人↓37人、南多摩…23人↓31人、立川国際…36人↓42人、三鷹…21人↓21人で、1校平均では50人でした（桜修館、南多摩、立川国際、三鷹は高校募集なし）。

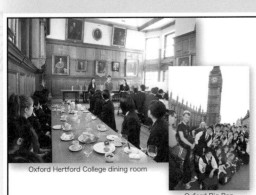

推進校で国公立大学合格者数を増やしたのは、三田…26人↓43人、豊多摩…16人↓19人、竹早…38人↓42人、北園…24人↓41人、小松川…48人↓71人、武蔵野北…28人↓36人、小金井北…16人↓24人、調布北…23人↓27人、日野台…20人↓28人の9校で、推進校平均の国公立大学合格者数は約29人でした。

【図4】特別推進校の難関大学合格者数

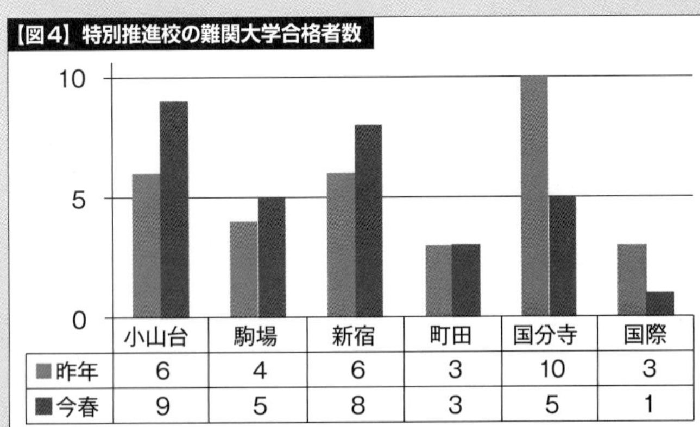

	小山台	駒場	新宿	町田	国分寺	国際
昨年	6	4	6	3	10	3
今春	9	5	8	3	5	1

【図5】中高一貫校の難関大学合格者数

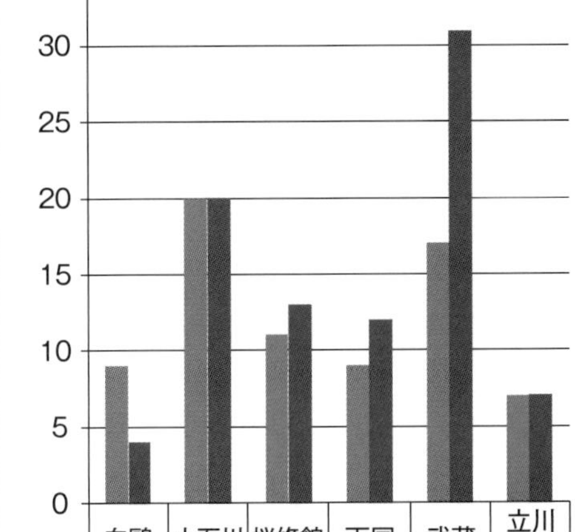

	白鷗	小石川	桜修館	両国	武蔵	立川国際
昨年	9	20	11	9	17	7
今春	4	20	13	12	31	7

高校入試の基礎知識

東京都立高校の入試はどのように行われるか

今月は東京都立高校の入試制度についてお話しします。本来ならこのページは、高校入試の基礎的な知識を補うことが目的なのですが、都立高校入試は、来年度の2016年度入試で大きな変更を予定していますので、その改定部分を中心に話を進めることにします。

「学力検査による選抜」で大幅な制度変更を実施

東京都教育委員会は6月19日、都立高校への入学希望者向けパンフレット「平成28年度東京都立高等学校に入学を希望する皆さんへ」をホームページに掲載しました。都立高校の種類と内容、入試の日程・仕組みなど、基礎的な知識から解説していますので、「推薦に基づく選抜」（推薦入試）、「学力検査に基づく選抜」（一般入試）など基本的な用語の意味にとまどわれる方は、このなかの「都立高等学校の入試の仕組み」を参考としてください。

都教委では、社会の要請や都民の期待に応えるため、「真に自立した社会人を育成すること」を目的に、都立高校の改革を進めています。掲載されたパンフレットは都立高校への入学希望者が自分自身で進路を考えたり、相談したりするときに活用できるものとなっています。

都立高校の入試改革では2年前の2013年度入試で集団討論の採用など、推薦入試について大幅な制度変更が行われました。

来春の2016年度入試では一般入試の改革が行われます。その目的は、各教科の「基礎的・基本的な知識・技能」や「それらを活用して課題を解決するために必要な思考力、判断力、表現力など」を的確に評価して選抜するためとされています。

2016年度から、受検教科は、全日制一般入試の第一次募集・分割前期募集では5教科（国語、数学、英語、社会、理科）、第二次募集・分割後期募集では3教科（国語、数学、英語）となります。学校によっては、学力検査に加えて面接や作文、小論文、実技検査を実施するところがあります。

学校ごとの選抜方法や検査方法などの詳細は9月中旬ごろに決定し、都教委のホームページに掲載される予定です。

なお、そのほかの詳しい内容については、11月上旬に発行予定の「平成28年度東京都立高等学校募集案内」に掲載され、中学校などで配付されます。

学力重視でありながら実技の内申も重視へ

来春の都立高校の入試制度改革のうち、おもな全日制での改善点をあげてみます。

①学力検査の実施教科を5教科（国

語、数学、英語、社会、理科）とし、原則全校で実施する（第二次募集では国語、数学、英語の3教科）。

②学力検査と調査書の比率は、7対3と設定する（第二次募集では6対4）。

③換算内申の計算において、実技4教科（音楽、美術、保健体育、技術・家庭）の調査書素点の評定を2倍にする。

④「特別選考」は廃止する。

⑤「男女別定員制の緩和」「傾斜配点」「学力検査問題のグループまたは自校による作成」「学力検査によらない入試（エンカレッジスクールとチャレンジスクール）」などの特色ある入試を実施する学校がある。

◇

①については、学力検査で実施する教科などの共通化を進めるものです。2015年度入試までは実施教科については各校の判断に委ねられていました。

②についても2015年度入試までは、各校がその比率を選んでいましたが共通化されます。

③では、2015年度入試まで主要5教科が調査書の素点そのままであるのに対して、実技4教科は調査書点を1・3倍して計算していましたが、新制度では2倍になります。これは中学生の学習意欲が学力検査のある5教科に偏り、実技4教科を軽視する傾向が見られるため、これを改善したい、と説明されています。

このことによって、これまでの調査書では換算内申の計算は「5教科×5（25点）＋実技4教科×5×1・3（26点）」の51点満点でした。新制度では「5教科×5（25点）＋実技4教科×5×2（40点）」の65点満点になります。

④でいう「特別選考」とは、その学校の特色を活かせる選考を実施して、定員の1割を選抜してよい、というものでしたが、近年上位校ではこの特別選考制度を利用して「学力検査のみ」で1割の生徒を選考する学校が多くなっていました。調査書と学力検査の両方で選抜する入試である「学力検査に基づく選抜」の趣旨に反するのでは、という意見が多く、廃止に向かいました。

2015年度入試まで、進学重点校など上位校のほとんどが、特別選考にあたって「入試当日の得点のみで決定する」という形にしていました。

つまり、内申点に関係ない枠が1割あったのです。上位校側の狙いは明確で、「実力がありながら内申が極端に低い生徒を救済すること」でした。どの学校もやはり成績上位者に入学してほしいのです。その根底に中学校の内申点はあてにならず、学力の目安になっていないという思いもみてとれます。

制度変更が自分にとって有利なのかを知っておく

ここまでみてきた改善点をまとめると、都立高校の入試は中学校での内申（とくに実技教科）重視、人物重視の方向に進んでいるといえます。大学入試がセンター試験の改善、面接などを通じて人物重視の方向に進むことになっていますから、それを先取りしている、とみることもできます。

とくに③の実技4教科の換算値が改められることと、④の特別選考の廃止は受検生にとっては大きな変化です。自分にとっては有利なのか、不利なのかを、よく考えておきましょう。

授業での発言は苦手だが学力があり試験では点が取れるという人もいると思いますが、特別選考の廃止により、通知表の成績が低い場合は調査書点におけるマイナス面が厳しく出てしまいます。学力検査で挽回するのはかなり大変です。また、調査書における実技4教科のウエイトが高まることについても、体育などは努力してもクリアできない人もいるはずで、これも難点です。

全校でマークシート方式数学などでも採用へ

さらに2016年度入試からの改善点として、全校で解答用紙にマークシート方式を採用することが発表されています。

これは採点ミスを防ぐことを目的とした改善の一環で、2015年度入試で実施したモデル20校での結果をふまえ、

⑴共通問題では全教科、全校（島しょを除く）でマークシート方式を実施。

⑵数学などで数値のみを答える問題もマークシート方式に変更。

⑶マークミスを防ぐため、中学校で事前に指導。

⑷マークシート方式で答えられる問題を増加させる。

⑸マークシートでは答えられない記述式問題の採点基準は各校が適切に定める。

などの実施方針が示されています。

6月号の答えと解説

問題 英語パズル

L	L	O	W	T	R	Y
E	T	S	A	U	E	A
Y	R	I	E	S	S	D
I	A	T	D	O	N	L
T	E	N	E	R	O	T
S	I	C	A	R	B	M
S	R	S	C	E	S	U
O	N	O	M	U	T	A
R	S	R	T	H	Y	B

1～10の英文の説明（末尾の数字はその単語の文字数を表しています）に合う単語はなんでしょうか。それぞれの単語を右のパズル面から探し出して、例のように１つずつブロック分けしてください。単語はすべてタテ・ヨコにつながっています。全部のブロック分けが終わったら、マス目に残る７個の文字を組み合わせてできる、学校生活に関係のある単語を答えてください。

1【例】The color of lemons or butter（6）

2 An animal like a mouse with wings, that flies and feeds at night（3）

3 A building in which objects of artistic, cultural, historical or scientific interest are kept and shown to the public（6）

4 The day of the week after Monday and before Wednesday（7）

5 The part of the face that sticks out above the mouth, used for breathing and smelling things（4）

6 A tool for cutting paper or cloth, that has two sharp blades with handles, joined together in the middle（8）

7 A long pointed orange root vegetable（6）

8 A person whose job is to take care of people's teeth（7）

9 A drop of liquid that comes out of your eye when you cry（4）

10 The direction that is on your left when you watch the sun rise（5）

解答 LIBRARY（図書館）

解説

それぞれの単語でブロック分けすると右図のようになります。

1～10の単語と日本語訳は次の通りです。

1 yellow（黄色）
レモンまたはバターの色。

2 bat（コウモリ）
翼を持つハツカネズミのような動物で、夜に空を飛び、えさをとる。

3 museum（博物館・美術館）
芸術、文化、歴史、科学などの興味をひくものを保存し、一般に公開するための建物。

4 Tuesday（火曜日）
週のなかで、月曜日のあとで、水曜日の前にある日。

5 nose（鼻）
口の上に突き出している顔の一部分で、呼吸したり、ものを嗅いだりするために使われる。

6 scissors（はさみ）
紙や布を切るための道具で、持ち手のついた2枚の鋭い刃が真ん中でつながっている。

7 carrot（ニンジン）
長い先のとがったオレンジ色の根菜。

8 dentist（歯医者）
人の歯をケアするのが仕事の人。

9 tear（涙）
あなたが泣くとき、あなたの目から出てくる１滴の液体。

10 north（北）
あなたが日の出を見るとき、あなたの左にある方向。

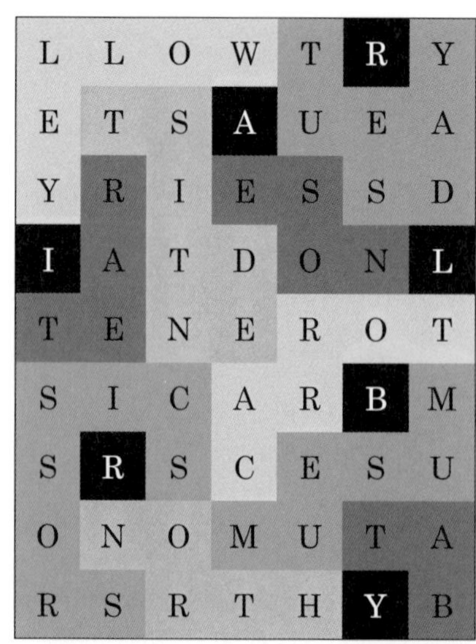

中学生のための学習パズル

今月号の問題

熟語パズル

心配事、大仕事などのように、○○事という三文字熟語を集めてみました。それぞれのヒントを参考に、リストの漢字を○に当てはめて16個の○○事を完成させましょう。最後に、リストに残った4つの漢字でできる四字熟語を答えてください。

1 ○○事（ぼくには関係ないかな）
2 ○○事（好ましくない事件。いまわしい事柄）
3 ○○事（山林の火災）
4 ○○事（形だけはまねていますが、本物にはとてもおよびません）
5 ○○事（気のないときにする、はっきりしない返事）
6 ○○事（炊事や洗濯など、水を使う仕事）
7 ○○事（本音と建前でいうと、建前の方）
8 ○○事（起こった事柄・事件）
9 ○○事（いつものごくありふれた事柄。日常○○事）
10 ○○事（大変だ！）
11 ○○事（絵で描いたように美化・誇張され、実際にはありえない話）
12 ○○事（県の行政の最高責任者）
13 ○○事（気になっています）
14 ○○事（肉体労働）
15 ○○事（秘密です）
16 ○○事（1856年、ハリスが下田でこれに着任しました）

【リスト】

一	火	絵	外	関	奇
空	県	山	仕	仕	似
出	緒	祥	心	真	人
水	生	想	総	他	大
知	茶	天	内	飯	不
返	来	領	力	麗	綺

6月号学習パズル当選者

全正解者31名

八島　望さん（東京都調布市・中2）
武田　蓮さん（千葉県船橋市・中2）
西　広太さん（東京都西東京市・中1）

応募方法

●必須記入事項

01　クイズの答え
02　住所
03　氏名（フリガナ）
04　学年
05　年齢
06　右のアンケート解答

◎すべての項目にお答えのうえ、ご応募ください。
◎ハガキ・ＦＡＸ・e-mailのいずれかでご応募ください。
◎正解者のなかから抽選で３名の方に図書カードをプレゼントいたします。
◎当選者の発表は本誌2015年10月号誌上の予定です。

●下記のアンケートにお答えください。

A今月号でおもしろかった記事とその理由
B今後、特集してほしい企画
C今後、取り上げてほしい高校など
Dその他、本誌をお読みになっての感想

◆応募締切日 2015年8月15日（当日消印有効）

◆あて先
〒101-0047　東京都千代田区内神田2-4-2
グローバル教育出版　サクセス編集室
FAX：03-5939-6014
e-mail:success15@g-ap.com

に挑戦!!

武南（ぶなん）高等学校

問題

次の英文の空所（①）～（⑤）に最もよく当てはまるものを、それぞれ下の1～4の中から1つずつ選び、番号で答えなさい。

1　I（①）the woman is a doctor.
　1.hear　2.look　3.listen to　4.talk about

2　It will（②）a lot of money to fix the personal computer.
　1.pay　2.take　3.cost　4.have

3　I was spoken（③）a stranger this morning.
　1.by　2.to by　3.with　4.of with

4　I didn't have breakfast and I went to school.
　=I went to school（④）breakfast.
　1.not having　2.with having　3.having　4.without having

5　This is the biggest dog that I have ever seen.
　=I've never seen（⑤）a big dog.
　1.so　2.by　3.such　4.as

解答　①1　②3　③2　④4　⑤3

■ 埼玉県蕨市塚越5-10-21
■ JR京浜東北線「西川口駅」徒歩10分
■ 048-441-6948
■ http://www.bunan.ed.jp/highschool/

オープンスクール

9月27日（日）

入試説明会

10月10日（土）　10月25日（日）
11月1日（日）　11月14日（土）
12月12日（土）

個別相談会

10月24日（土）　11月1日（日）
11月7日（土）　11月14日（土）
11月22日（日）　11月28日（土）
12月5日（土）　12月12日（土）
12月26日（土）

本郷（ほんごう）高等学校

問題

次の英文の下線部（ア）～（エ）の中には、文法上もしくは語法上の誤りが1箇所ずつある。その箇所の記号を指摘し、かつ正しい英語に書き直しなさい。（解答の方法は解答例に従うこと。）

［解答例］ Nowadays（ア）, I enjoy to play（イ） the（ウ） guitar after school（エ）.　［誤］（イ）→［正］playing

1．この状況で彼女に何を伝えれば良いのだろう。良い考えが全く浮かばない。
What（ア） I should（イ） tell（ウ） her in this situation? I don't have any good ideas（エ）.

2．彼女のピアノの音色はとても美しいなあ。その音色を聞いたら皆リラックスできるよ。
How（ア） beautiful（イ） she plays the piano! Everybody（ウ） will feel relaxed（エ） when they listen to her.

3．両親が仕事で外出している間、弟の面倒を見た。
I looked after（ア） my brother during（イ） my parents were away（ウ） on（エ） business.

4．チームが勝ったという知らせを聞いて、彼は喜びのあまり泣きそうになった。
He almost（ア） cried with joy（イ） when he hears（ウ） the news about the team's victory（エ）.

5．最近、ハンカチで鼻をかむ人なんてほとんどいない。
These days（ア）, few（イ） people blow my（ウ） nose with（エ） a handkerchief.

解答　1.［誤］（イ）→［正］should I　2.［誤］（イ）→［正］beautifully
3.［誤］（イ）→［正］while　4.［誤］（ウ）→［正］heard　5.［誤］（ウ）→［正］their

■ 東京都豊島区駒込4-11-1
■ JR山手線・都営三田線「巣鴨駅」徒歩3分、JR山手線・地下鉄南北線「駒込駅」徒歩7分
■ 03-3917-1456
■ http://www.hongo.ed.jp/

学校説明会

すべて14：00
9月6日（日）　10月17日（土）
11月14日（土）　12月5日（土）

夏休み見学会　要予約

7月19日（日）10：30、14：00

親子見学会　要予約

12月23日（水祝）10：30、14：00

本郷祭（文化祭）

9月19日（土）10：00～16：30
9月20日（日）9：00～16：00

私立高校の 入試問題

足立学園高等学校（あだちがくえん）

問題

次の英文の説明にあうように、□にアルファベットをあてはめて完成した単語を答えなさい。ただし、□に入るアルファベットのみを答えた解答は認めないので注意しなさい。

(1) m□□n：
the object that shines in the sky at night and that moves round the earth once every 28 days

(2) li□□ary：
a room or building that has a collection of books, etc that can be looked at or borrowed

(3) le□□□r：
a written or printed message

(4) h□□□□：
a building that is made for one family to live in

解答 (1) moon (2) library (3) letter (4) house

■ 東京都足立区千住旭町40-24
■ JR常磐線ほか「北千住駅」徒歩1分、京成線「京成関屋駅」徒歩7分
■ 03-3888-5331
■ http://www.adachigakuen-jh.ed.jp/

学校説明会

8月1日（土） 10：00
9月12日（土） 14：00
10月17日（土） 14：00
11月21日（土） 10：00
12月5日（土） 14：00
※8月1日のみクラブ体験会（要予約）あり

オープンキャンパス 要予約

8月29日（土）9：00

学園祭

9月26日（土） 9月27日（日）

桜丘高等学校（さくらがおか）

問題

次の文または会話文を完成させるとき、（　　）に入る最も適切なものを１つ選び、記号で答えなさい。

1．The man (　　) yesterday was my best friend.
ア. I saw　イ. I saw him　ウ. who saw I　エ. saw me

2．My brother bought (　　) a bag.
ア. me to　イ. for me　ウ. to me　エ. me

3．A：Would you like something to eat?
B：Yes, (　　).
ア. please　イ. it is　ウ. I ate it　エ. I'm sorry

4．(　　) our stay in London, we visited so many places.
ア. While　イ. When　ウ. Until　エ. During

5．The curry and rice in this picture looks real. It (　　) me hungry.
ア. makes　イ. has　ウ. takes　エ. gives

解答 1. ア 2. エ 3. ア 4. エ 5. ア

■ 東京都北区滝野川1-51-12
■ 都電荒川線「滝野川一丁目駅」徒歩1分、JR京浜東北線「王子駅」徒歩7分、地下鉄南北線「王子駅」・都営三田線「西巣鴨駅」徒歩8分
■ 03-3910-6161
■ http://www.sakuragaoka.ac.jp/

桜華祭（文化祭）

9月27日（日）

入試説明会 要予約

8月1日（土） 8月9日（日）
9月20日（日） 10月10日（土）
10月17日（土） 10月31日（土）
11月7日（土） 11月14日（土）
11月22日（日） 12月5日（土）

特待入試解説会 要予約

11月29日（日）開催：東京国際フォーラム

個別相談会 要予約

12月27日（日）

Letter section

みんなの お便り  コーナー

サクセス広場

テーマ 自分の一番好きな時間

眠りにつく前の**「眠りそう」っていう感覚**を感じる瞬間。
（中1・ねるねるさん）

通学時間。違う学校に通う好きな人に会える唯一の時間です。そのおかげで私は無遅刻無欠席です！
（中3・片思い中さん）

学校から帰ってきて、**塾に行く前の30分**。30分しかないけど、その間に寝るのがいいんです！
（中3・睡魔28号さん）

お風呂に入りながらぼーっとしていると、幸せを感じます。
（中2・バスさん）

いまは**部活の時間**が一番好きです。もうすぐ引退なので3年はみんな燃えてるし、楽しいです！
（中3・なーちゃんさん）

おいしいご飯を食べているときが好きです。食べながらニヤけてしまい、親によく不審がられています。
（中1・すいはんきさん）

日曜日の夜。もうすぐまた新しい1週間が始まると思うとわくわくして楽しいし、あと数時間で休みが終わっちゃう！ と焦る感じも結構好き。
（中2・にゃんむーさん）

テーマ 励まされたひと言

部活の試合でよかれと思ってしたプレーが思いっきりミスになったときに、チームメイトが**「大丈夫、いまのでいいよ」**と言ってくれたこと。（中2・ありがとうさん）

テストの点が下がってしまったとき、**「どうしたんだ！もっと頑張れ！」**って担任の先生に言われて、なぐさめられるより元気が出た！
（中3・叱咤激励さん）

「なにがあっても家族はお前の味方だからな」。友だちとうまくいかなくて悩んでいたときに、兄に言われたひと言です。
（中1・家族大好きさん）

明るいのが取り柄の私。でも親友だけは**「悩んでるときは無理に明るくしなくてもいいよ、なんでも話してね」**と言ってくれてすごく嬉しかった。
（中3・R.I.さん）

試合前に緊張していたとき、チームメイトが**「これだけやってきたんだから大丈夫だよ！」**って肩を叩きながら言ってくれて励みになりました。（中2・チーム最高さん）

テーマ 好きな歴史上の人物

日本地図を作りあげた**伊能忠敬**です。いまは衛星とか、科学技術が進歩したから簡単ですが、歩いての測量は大変だったと思います。ぼくがやるとなったら、たぶん投げ出しちゃいます…。（中3・モスさん）

織田信長です。自分が思うことをやり遂げる力がすごいなと思います。やりすぎちゃって最後はえらいことになりましたが…。
（中3・天下統一さん）

「余の辞書に不可能という文字はない」というかっこいい言葉を遺したらしい**ナポレオン・ボナパルト**。
（中2・ナポリタンさん）

武田信玄みたいな戦国武将はかっこよくて憧れます！ でも自分が戦国時代にいたら生き抜ける自信がない。
（中3・ぶしょーさん）

キュリー夫人。伝記を読んで、大変なことがたくさんあっても、頑張って乗り越えていく姿に感動しました。
（中2・キューリ夫人さん）

必須記入事項

A／テーマ、その理由　B／住所　C／氏名
D／学年　E／ご意見、ご感想など

ハガキ、FAX、メールを下記までどしどしお寄せください!
住所・氏名は正しく書いてください!!
ペンネームは氏名のうしろに(　)で書いてネ!
【例】サク山太郎(サクちゃん)

宛先

〒101-0047　東京都千代田区内神田2-4-2
グローバル教育出版　サクセス編集室
FAX:03-5939-6014
e-mail:success15@g-ap.com

募集中のテーマ

「気になる大学」
「実際に体験した不思議な話」
「憧れの告白は?」

応募〆切 2015年8月15日

ケータイ・スマホから上のQRコードを読み取り、メールすることもできます。

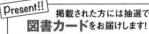

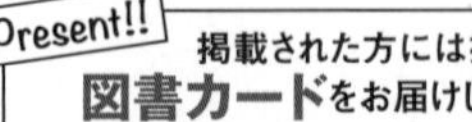

掲載された方には抽選で**図書カード**をお届けします!

サクセス イベントスケジュール

7月～8月

世間で注目のイベントを紹介

かき氷

夏に食べたい冷たいスイーツ、かき氷。平安時代の『枕草子』に、削った氷に甘葛（昔の甘味料）をかけた食べものが登場することから、古くから食べられていたことがわかる。製氷や冷蔵技術が発達した現在では身近な食べものと言えるけれど、平安当時は特権階級しか口にできない高級スイーツだったんだ。

超体感型現代アート

魔法の美術館～Art in Wonderland 光と遊ぶ超体感型ミュージアム～

7月17日（金）～8月31日（月）
さいたまスーパーアリーナ TOIRO

夏休みを彩る芸術の魔法を体感しよう。全国を巡回し、これまでに100万人以上を動員した人気展覧会「魔法の美術館」が、この夏、さいたまスーパーアリーナにやってくる。光と影を駆使した作品たちは、見て、触って、楽しめる、超体感型の現代アート。大人も子どもも楽しめる展覧会なので、夏休みに家族といっしょに行ってみるのもいいね。

恐竜はなぜ巨大になった？

メガ恐竜展 2015 ―巨大化の謎にせまる―

7月18日（土）～8月30日（日）
幕張メッセ 国際展示場 11ホール

史上最大の陸上動物と言われ恐竜のなかでも大きい種類である「竜脚類」にスポットをあて、恐竜が巨大化した謎に迫る大迫力の展覧会が幕張メッセで開催される。ヨーロッパ最大のトゥリアサウルスの復元骨格（半身）や、エウヘロプスの全身骨格など、日本初公開の展示品も多い。最新の研究成果も学び、恐竜巨大化のメカニズムを解き明かそう。

世にも恐ろしい幽霊画

うらめしや～、冥途のみやげ展

7月22日（水）～9月13日（日）
東京藝術大学大学美術館

いまも昔も、人々は怖い話が大好き。幕末から明治にかけて活躍した噺家の三遊亭圓朝は、とりわけ怪談噺が得意だった。そんな圓朝ゆかりの幽霊画コレクションを中心とした、恐ろしくも美しい魅力を持つ展覧会だ。円山応挙、歌川国芳、葛飾北斎、河鍋暁斎、月岡芳年など、日本美術史に名を残す画家たちの描いた幽霊画が見られるよ。

的場やすし／山野真吾／徳井太郎『Splash Display』

イメージイラスト

「うらめしや～、冥途のみやげ展」の招待券を10組20名様にプレゼントします。応募方法は下記を参照。

歌川国芳〈民谷伊右衛門 市川海老蔵・お岩亡霊 尾上菊五郎〉天保7年（1836）大判錦絵 8/18～9/13（後期）展示

安野光雅 ゴンドラの唄（イタリア／ヴェネツィア）『歌の風景』より ©空想工房 画像提供：津和野町立安野光雅美術館

「メカニックデザイナー大河原邦男展」の招待券を5組10名様にプレゼントします。応募方法は下記を参照。

大河原邦男 機動戦士ガンダムSEED 2003年 ©創通・サンライズ

詩情豊かな風景画

旅の風景 安野光雅 ヨーロッパ周遊旅行

7月7日（火）～8月23日（日）
東郷青児記念 損保ジャパン日本興亜美術館

細やかな描写とみずみずしい色彩によって旅の情景が描かれた安野光雅の『旅の絵本』シリーズ。好きな絵本として、このシリーズをあげる人も多いんじゃないかな。今回の展覧会は、安野光雅が描いたヨーロッパの風景画に焦点をあてて紹介するもので、水彩原画約100点が展示される。『旅の絵本』シリーズの原画も見ることができるよ。

ロボットアニメの巨匠

メカニックデザイナー 大河原邦男展

8月8日（土）～9月27日（日）
上野の森美術館

日本初のメカニックデザイナーとして名を馳せる大河原邦男の活躍を約500点の作品を通して紹介する展覧会。「タイムボカンシリーズ」「機動戦士ガンダム」「装甲騎兵ボトムズ」などのアニメに登場する数々のロボットデザインを手がけたことでも有名で、かっこいいメカニックデザインは世代を超えて見る人々の胸を熱くさせる。

学生がつくるアートイベント

万国學生藝術展覧祭 2015

8月8日（土）・8月9日（日）
東京ビッグサイト西2ホール

万国學生藝術展覧祭（通称：學展）は、学生主体のアートイベント。全国から3000名の学生クリエーターが集まる大規模なもので、アート・デザインの合同文化祭のような活気にあふれたイベントだ。学生であれば、年齢制限はないのが特徴で、なんと、小学生でも作品を発表できる。刺激を受けた人は、次回は出展側で参加してみるのもいいね。

招待券プレゼント！ 希望する展覧会の名称・住所・氏名・年齢・「サクセス15」を読んでのご意見ご感想を明記のうえ、編集部までお送りください（応募締切2015年8月15日必着 あて先は77ページ参照）。当選の発表は賞品の発送をもってかえさせていただきます。

“個別指導”だからできること × “早稲アカ”だからできること

- 難関校にも対応できる
- 弱点科目を集中的に学習できる
- 最終授業が20時から受けられる
- 早稲アカのカリキュラムで学習できる

広がる早稲田アカデミー個別指導ネットワーク

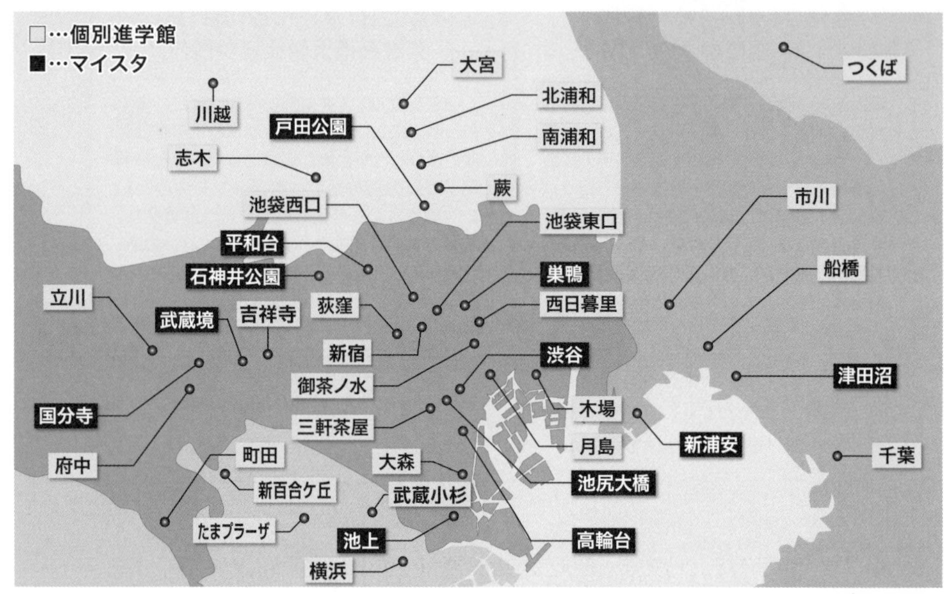

マイスタは2001年に池尻大橋教室・戸田公園教室の2校でスタートし、個別進学館は2010年の志木校の1校でスタートした、早稲田アカデミーの個別指導ブランドです。お子様の状況に応じて受講時間・受講科目が選べます。また、早稲田アカデミーの個別指導なので、集団授業と同内容を個別指導で受講することができます。マイスタは1授業80分で1:1または1:2の指導形式です。個別進学館は1授業90分で指導形式は1:2となっています。カリキュラムなどはお子様の学習状況、志望校などにより異なってきます。お気軽にお近くの教室・校舎にお問い合わせください。

悩んでいます… 中2

クラブチームに所属していて、近くの早稲アカに通いたいのに、曜日が合わない科目があります。

解決します!

早稲アカの個別指導では、集団校舎のカリキュラムに準拠した指導が受けられます。数学だけ曜日があわないのであれば、数学だけ個別で受講することも可能です。もちろん、3科目を個別指導で受講することもできます。

悩んでいます… 中3

中2の途中から英語が難しくなってきて、中3の学習内容が理解できるか心配です。

解決します!

個別指導はひとりひとりに合わせたカリキュラムを作成します。集団校舎で中3内容を、個別指導では中2内容を学習することも可能です。早稲田アカデミー集団校舎にお通いの場合は、担当と連携し、最適なカリキュラムを提案します。

悩んでいます… 中3

中2範囲の一次関数がとても苦手です。自分でやろうとしても分からないことだらけで…。

解決します!

個別指導では範囲を絞った学習も可能です。一次関数だけ、平方根だけなど、苦手な部分を集中的に学習することで理解を深めることができます。『説明を聞く→自分で解く』この繰り返しで、分かるをできるにかえていきます。

新規開校 早稲田アカデミー 個別進学館 **吉祥寺校・新百合ヶ丘校・横浜校** 入塾特典あり

小・中・高 全学年対応／難関受験・個別指導・人材育成

早稲田アカデミー個別進学館

WASEDA ACADEMY KOBETSU SCHOOL

夏期講習 7/1(水)▸8/31(月) 休校日は校舎により異なります。

お問い合わせ・お申し込みは最寄りの個別進学館各校舎までお気軽に!

池袋西口校 03-5992-5901	池袋東口校 03-3971-1611	大森校 03-5746-3377	荻窪校 03-3220-0611	御茶ノ水校 03-3259-8411
木場校 03-6458-5153	三軒茶屋校 03-5779-8678	新宿校 03-3370-2911	立川校 042-548-0788	月島校 03-3531-3860
西日暮里校 03-3802-1101	府中校 042-314-1222	町田校 042-720-4331	たまプラーザ校 045-901-9101	武蔵小杉校 044-739-3557
大宮校 048-650-7225	川越校 049-277-5143	北浦和校 048-822-6801	志木校 048-485-6520	南浦和校 048-882-5721
蕨 校 048-444-3355	市川校 047-303-3739	千葉校 043-302-5811	船橋校 047-411-1099	つくば校 029-855-2660
新規開校		吉祥寺校 042-222-9211	新百合ケ丘校 044-951-1550	横浜校 045-323-2511

夏期講習 前期 **7/18(土)▸8/7(金)** 後期 **8/17(月)▸30(日)**

7/19・26・8/2・23はお休みです。

お問い合わせ・お申し込みは最寄りのMYSTA各教室までお気軽に!

渋谷教室 03-3409-2311	池尻大橋教室 03-3485-8111	高輪台教室 03-3443-4781
池上教室 03-3751-2141	巣鴨教室 03-5394-2911	平和台教室 03-5399-0811
石神井公園教室 03-3997-9011	武蔵境教室 0422-33-6311	国分寺教室 042-328-6711
戸田公園教室 048-432-7651	新浦安教室 047-355-4711	津田沼教室 047-474-5021

～サクセス18のご紹介～

サクセス18は早稲田アカデミーが創った現役生難関大学受験専門塾です。

昨年比UP!!	東京大学	最難関 理科Ⅲ類 3名合格	66名合格!	早稲田	299名合格
当塾史上最高数更新!!	早慶上智大		576名合格!	慶應義塾	132名合格
当塾史上最高数更新!!	GMARCH理科大		830名合格!	上智	145名合格

在籍 約1250名からの実績

早慶上智大 576 / '15 530 / '14 522 / '13 403 / '12 434 / '11 404 / '10 330

2015年度 大学入試合格体験記

東京大学［理科Ⅰ類］合格

早稲田大学［創造理工学部］

栗嶋 寛基（私立開成高校）

最高の学び舎

僕は、高一から早稲田アカデミーにお世話になりました。早稲田アカデミーの授業は、オリジナル教材を用いながら、講義・演習・ディスカッションなど、それぞれの科目に適した授業形態をとっていて、本質をより簡単に学ぶことができました。また、授業中の教室には心地よい緊張感が保たれていたので、本質をより簡単に学ぶことが出来ましたし、集中して勉強に取り組むことが出来ました。高3になると毎週日曜日に東大必勝講座が設けられ、東大頻出の単元に絞った演習をこなすことで、東大受験において大きなアドバンテージを獲得することが出来たと思います。さらに、センター試験が終わると、毎週テストゼミが行われ、テストに対する経験値を高めるとともに、周りのライバルたちと切磋琢磨することで、受験当日まで高いモチベーションを維持することが出来ました。勉強面以外においても、早稲田アカデミーには、質の高い自習室や、きれいなラウンジといったような勉強する上で役に立つ設備も充実していて、受験勉強する上で素晴らしい環境だったと思います。かなり有効活用させていただきました。僕が合格できたのは早稲田アカデミーのおかげだと思います。ありがとうございました。

東京大学［文科Ⅰ類］合格

早稲田大学［法学部］、明治大学［法学部］

米澤 友美子（私立桜蔭高校）

早稲アカに通い続けて

10年前、小学校2年生の冬。偶然家のポストに入っていた一通のダイレクトメールがきっかけで私は早稲田アカデミーに入塾しました。その後10年もの間早稲アカに通い続けることになろうとは当時は思いも寄りませんでした。東大を目指す、ということは長く苦しい戦いです。東大を諦めようと思うことが何度もありました。特に高1の時は数学は定期テストでも40点台、英語は教科書レベルの英文の読解にも四苦八苦、国語はまともに文字が読めないという状態で、とても東大に合格できる学力ではありませんでした。しかし、早稲アカの先生方の個性豊かでかつ受験という枠にとらわれない高度な授業、生徒一人一人に即した熱意あふれる学習指導のおかげでなんとか東大に合格にできる学力を身につけることができました。また、先生方がこまめに声をかけて下さったり、中学受験の時にお世話になった先生までもが応援して下さったりと精神的な面でも支えてもらいました。先生と生徒が一丸となって入試に臨める早稲アカだったからこそ、私は東大に合格することができました。小学校2年生の時、幼いながらに私の下した、早稲田アカデミーという選択の正しさは、10年の時を経て桜蔭、そして東大合格という形で証明されたと思います。

一橋大学［法学部］合格

慶應義塾大学［経済学部・商学部・総合政策学部］

林 遼太郎（私立駒場東邦高校）

サクセスで得たもの

僕は4年間サクセスに通っていました。小学校時代早稲アカに通っていたこともあり、友人や熱い先生方の雰囲気に自然と溶け込んでいきました。が、本当に受験を考えたのは高2の冬からで、ただ漠然と一橋大に入れればくらいにしか思っていませんでした。しかし、本格的に塾の自習室にも行くようになってからは、次第に受験を考えるようになっていました。サクセスは、大手塾とは違って、友人が作りやすく、互いに意識し合い、競い合える環境にあり、「自分もやらなきゃ」という危機感が芽生えるような環境です。だから、自然と高3にもなると、必死で勉強に取り組むことができるのだと思います。誰しも、自分の勉強に不安を抱くと思います。自分自身、そうした不安を経験しました。そんな時、僕を救ってくれたのは塾の方々でした。周りの人に話すことで気持ちが楽になったのです。そして、最後まで勉強に食らいつくべきだと思います。現役生は、年明けの直前期一気に伸びるというのは本当です。なので、試験当日まで諦めないで下さい。そして、本番は緊張するものです。僕は、センター前日から全く眠れず、という状態でした。しかし、そんな状態を楽しむことも、受験の一環です。周りを見て、「自分のほうができる」と言い聞かせるのも成功するための方法の一つです。また今まで一生懸命に勉強してきた自分を振り返るのも一つだと言えるでしょう。いずれにせよ、自分を信じ、試験開始直前まであがいてください。

早稲田大学［社会学部］合格

明治大学［商学部・政治経済学部］

郭 翔一（私立成城高校）

早稲アカ最高！！

私が早稲田アカデミーサクセス18に入塾したのは中学3年生の時です。当時はもちろん受験を意識することもなく、学校の定期試験の勉強すらまともにやらない状態でした。しかし、FITなどのサクセス18の充実したシステムにより、低学年のうちから学習習慣を身につけることができ、本格的に受験勉強をする前から学力の基盤を作ることができたのはよかったです。本格的に受験勉強を開始しようと考えた時、何をどのように勉強するか具体的な計画を自分では立てることはできませんでした。しかし、今年度から導入されたサクセスダイアリーを使用することにより、しだいに計画をたてることができるようになり、受験の直前期には効率的に時間を使うことができるようになっていました。そして何よりも受験勉強に逃げずに取り組むことができたのは先生達の熱い授業のおかげです。古居先生の厳しくも厳しいからこそやる気の出る授業や、幸長先生の数々の励ましの言葉や、新里先生の面白くも奥深い授業のおかげでモチベーションを保つことができました。また、ラウンジなどで塾の仲間達と励ましあうことにより、お互いに切磋琢磨し高めあうことができました。サクセス18の皆に支えられ、合格することができました。本当にありがとうございました。早稲田アカデミーサクセス18は最高！塾を選ぶ時にこの塾を選んだのは最良の選択でした！

高3対象 日曜特訓

志望校別対策コース

東大必勝コース　一橋大必勝コース　東工大必勝コース　早慶大必勝コース　難関大必勝コース

エキスパート講師陣　少人数・学力別クラス　志望校別オリジナル教材　徹底した添削テストシステム

説明会＆選抜試験

8/23(日)・31(月)

※会場・時間等詳細はお問い合わせください。

［会場］▶ 東大必勝 御茶ノ水校　一橋大必勝 荻窪校　東工大必勝 渋谷校
早慶大必勝 池袋校・渋谷校・国分寺校　難関大必勝 池袋校・渋谷校・国分寺校

［料金］▶ 入塾金：10,800円（基本コース生は不要）
受講料：31,400円／ターム

池袋校	03-3986-7891	大泉学園校	03-5905-1911	調布校	042-482-0521	大宮校	048-641-4311
御茶ノ水校	03-5259-0361	荻窪校	03-3391-2011	たまプラーザ校	045-903-1811	所沢校	04-2926-2811
渋谷校	03-3406-6251	国分寺校	042-328-1941	新百合ヶ丘校	044-951-0511	志木校	048-476-4901

医歯薬専門予備校45年の伝統と実績

医学部完全合格136名!!

医学部必勝講座 選抜試験 8/31(月) 高3対象

夏期講習会 7/19(日)～8/20(木) 高1～高卒 無料

医学部専門個別指導

早稲田アカデミー教育グループ

医歯薬専門予備校

野田クルゼ

〈御茶ノ水〉

資料請求・お問い合わせ・各種お申し込みはお気軽にこちらへ

現役校 Tel 03-3233-6911(代) Fax 03-3233-6922 受付時間13:00～22:00

本校 Tel 03-3233-7311(代) Fax 03-3233-7312 受付時間9:00～18:00

野田クルゼの最新情報はホームページでもご確認いただけます。 野田クルゼ 検索

早稲アカの大学受験部門

君を合格へと導く サクセス18の 夏期講習会

この夏、キミの本気をカタチにする。

早稲田アカデミーなら最難関の東大、憧れの早慶上智、人気のGMARCH理科大に、大きく伸びて現役合格できる

1人でもない、大人数に埋もれない、映像でもない「少人数ライブ授業」

生徒と講師が互いにコミュニケーションを取りながら進んでいく、対話型・参加型の少人数でのライブ授業を早稲田アカデミーは大切にしています。講師が一方的に講義を進めるのではなく、講師から質問を投げかけ、皆さんからの応えを受けて、さらに理解を深め、思考力を高めていきます。この生徒と講師が一体となって作り上げる高い学習効果は大教室で行われる授業や映像授業では得られないものです。

授業で終わらない。皆さんの家庭学習の指導も行い、第一志望校現役合格へ導きます

学力を高めるのは授業だけではありません。授業と同じくらい大切なのが、日々の家庭学習や各教科の学習法。効率的に授業の復習ができる家庭学習教材、必ず次回授業で実施される課題のフィードバック。面談で行われる個別の学習方法アドバイス。一人ひとりに最適なプランを提案します。

同じ目標を持つ友人との競争と熱意あふれる講師たち。無限大の伸びを作る環境がある

早稲田アカデミーは、志望校にあわせた学力別クラス編成。同じ目標を持つ友人と競い合い、励ましあいながら、ひとつのチームとして第一志望校合格への道を進んでいきます。少人数ならではでいつでも講師に質問ができ、講師は生徒一人ひとりに直接アドバイスをします。学習空間がもたらす二つの刺激が、大きな学力の伸びをもたらします。

偏差値40～50台から憧れの早慶上智大へ現役合格できる

サクセス18の早慶上智大合格者の内、実に半数以上が高1の時の偏差値が40～50台だったのです。こうした生徒達は皆サクセス18で大きく学力を伸ばし、第一志望大学現役合格の夢を実現させたのです。次は皆さんの番です。サクセス18スタッフが皆さんの夢の実現をお手伝いします。

早稲田アカデミー
イメージキャラクター
駒井 蓮

7/21㊋～8/29㊏

[実施日程]

7/21	22	23	24	25	26	27	28	29	30	31	8/1	2	3	4	5	6	7	8	9
火	水	木	金	土	日	月	火	水	木	金	土	日	月	火	水	木	金	土	日
第1ターム			第2ターム			－	第3ターム			第4ターム			第5ターム			第6ターム			－

10	11	12	13	14	15	16	17	18	19	20	21	22	23	24	25	26	27	28	29
月	火	水	木	金	土	日	月	火	水	木	金	土	日	月	火	水	木	金	土
第7ターム			－				第8ターム			第9ターム			－	第10ターム			第11ターム		

[実施時間] 180分×3日間/1講座

9:00～12:00　13:00～16:00　17:00～20:00

卒塾生特典あり 詳しくはお問い合わせください。

高校生対象

医学部現役合格

医学部受験専門エキスパート講師が生徒が解けるまでつきっきりで指導する！だから最難関の医学部にも現役合格できる！

医学部という同じ目標を持つ仲間と切磋琢磨！

現役合格は狭き門。入試でのライバルは高卒生。

一部の高校を除き、医学部志望者がクラスに多数いることは非常に稀です。同じ目標を持つ生徒が集まる野田クルゼの環境こそが、医学部現役合格への厳しい道のりを乗り越える原動力となります。

また、医学部受験生の約70%は高卒生です。現役合格のためには早期からしっかりとした英語、数学の基礎固めと、理科への対応が欠かせません。

30% 高3生
70% 高卒生
■医学部受験生の割合

25% その他の原因
75% 理科の学習不足が原因
■現役合格を逃した原因

Point 1 一人ひとりを徹底把握 目の行き届く少人数指導

Point 2 医学部専門の 定着を重視した復習型の授業

Point 3 受験のエキスパート 東大系主力講師陣

Point 4 いつでも先生が対応してくれる 充実の質問対応と個別指導

Point 5 推薦・AO入試も完全対応 経験に基づく万全の進路指導

Point 6 医学部の最新情報が全て集結 蓄積している入試データが桁違い

Success15 Back Number

サクセス15 バックナンバー好評発売中！

2015 7月号

参加しよう 学校説明会etc

中学生のための手帳活用術

SCHOOL EXPRESS 東京都立西

Focus on 青山学院高等部

2015 6月号

キミもチャレンジしてみよう 高校入試数学問題特集

一度は行ってみたい！ 世界&日本の世界遺産

SCHOOL EXPRESS 慶應義塾志木

Focus on 公立高校 東京都立富士

2014 5月号

先輩教えて！ 合格をつかむための13の質問

数学っておもしろい！ 数の不思議

SCHOOL EXPRESS 早稲田大学高等学院

Focus on 公立高校 神奈川県立湘南

2015 4月号

国立・公立・私立 徹底比較2015

東大生オススメ ブックレビュー

SCHOOL EXPRESS 早稲田実業学校高等部

Focus on 公立高校 神奈川県立横浜緑ケ丘

2015 3月号

もっと知りたい！ 高大連携教育

宇宙について学べる施設

SCHOOL EXPRESS 国際基督教大学

Focus on 公立高校 茨城県立土浦第一

2015 2月号

受験生必見！ 入試直前ガイダンス

2014年こんなことがありました

SCHOOL EXPRESS 昭和学院秀英

Focus on 公立高校 東京都立青山

2015 1月号

学年別 冬休みの過ごし方

パワースポットで合格祈願

SCHOOL EXPRESS 慶應義塾湘南藤沢

Focus on 公立高校 千葉県立千葉東

2014 12月号

いまから知ろう！ 首都圏難関私立大学

スキマ時間の使い方

SCHOOL EXPRESS 明治大学付属明治

Focus on 公立高校 埼玉県立川越

2014 11月号

過去問演習5つのポイント

本気で使える文房具

SCHOOL EXPRESS 立教新座

Focus on 公立高校 神奈川県立柏陽

2014 10月号

大学生の先輩に聞く 2学期から伸びる勉強のコツ

「ディベート」の魅力とは

SCHOOL EXPRESS 筑波大学附属駒場

Focus on 公立高校 千葉県立薬園台

2014 9月号

こんなに楽しい！ 高校の体育祭・文化祭

英語でことわざ

SCHOOL EXPRESS 渋谷教育学園幕張

Focus on 公立高校 東京都立国分寺

2014 8月号

2014年 夏休み徹底活用術

夏バテしない身体作り

SCHOOL EXPRESS 市川

Focus on 公立高校 埼玉県立川越女子

2014 7月号

イチから考える 志望校の選び方

日本全国なんでもベスト3

SCHOOL EXPRESS 筑波大学附属

Focus on 公立高校 東京都立三田

2014 6月号

難関国立・私立校の 入試問題分析2014

快眠のススメ

SCHOOL EXPRESS 豊島岡女子学園

Focus on 公立高校 埼玉県立春日部

2014 5月号

先輩に聞く!! 難関校合格への軌跡

高校図書館&オススメ本

SCHOOL EXPRESS お茶の水女子大学附属

Focus on 公立高校 神奈川県立厚木

2014 4月号

勉強も部活動も頑張りたいキミに 両立のコツ、教えます

水族館・動物園などのガイドツアー

SCHOOL EXPRESS 慶應義塾

Focus on 公立高校 東京都立駒場

これより前のバックナンバーはホームページでご覧いただけます（http://success.waseda-ac.net/）

How to order バックナンバーのお求めは

バックナンバーのご注文は電話・FAX・ホームページにてお受けしております。詳しくは88ページの「information」をご覧ください。

<コーナー名>

<本文中記事>

Success15

From Editors

今月は、特集2を担当しました。食べることは大好きですが料理は苦手…という性格なので、取材当日はワクワクしながらも、きちんと取材を終えられるのか…!? と不安も抱えていました。でも、料理研究家の安井さんはとても親しみやすい方で、料理教室に参加したかのように楽しみながら取材を進めることができ、さらに作った料理をその場で試食させてもらうこともできました。その手軽さとおいしさを身をもって体験したことから、料理が苦手な私も「作ってみよう」と思い立ち、さっそく家でチャレンジしてみました。夏バテと無縁の夏休みを過ごすためにも、みなさんもぜひ作ってみてくださいね。（T）

8月号

Information

『サクセス15』は全国の書店にてお買い求めいただけますが、万が一、書店店頭に見当たらない場合は、書店にてご注文いただくか、弊社販売部、もしくはホームページ(下記)よりご注文ください。送料弊社負担にてお送りします。定期購読をご希望いただく場合も、上記と同様の方法でご連絡ください。

Opinion, Impression & etc

本誌をお読みになられてのご感想・ご意見・ご提言などがありましたら、ぜひ当編集室までお声をお寄せください。また、「こんな記事が読みたい」というご要望や、「こういうときはどうしたらいいの」といったご質問などもお待ちしております。今後の参考にさせていただきますので、よろしくお願いいたします。

サクセス編集室お問い合わせ先

TEL 03-5939-7928
FAX 03-5939-6014

高校受験ガイドブック2015⑧サクセス15

発行　2015年7月15日　初版第一刷発行
発行所　株式会社グローバル教育出版
〒101-0047 東京都千代田区内神田2-4-2
ＴＥＬ　03-3253-5944
ＦＡＸ　03-3253-5945
http://success.waseda-ac.net
e-mail　success15@g-ap.com
郵便振替　00130-3-779535
編集　サクセス編集室
編集協力　株式会社 早稲田アカデミー

Next Issue　9月号

Special 1

高校の文化部特集

Special 2

集中力をアップさせる方法

SCHOOL EXPRESS

神奈川県立横浜翠嵐高等学校

FOCUS ON

中央大学杉並高等学校

※特集内容および掲載校は変更されることがあります